C000204460

TODO
MUNDO
TEM
UM ANJO
DA GUARDA

Pedro Siqueira

TODO MUNDO TEM UM ANJO DA GUARDA

Ensinamentos sobre
os seres espirituais que
nos protegem

SEXTANTE

As passagens bíblicas deste livro foram retiradas principalmente da
Edição Pastoral da Bíblia Sagrada, da editora Paulus.

copidesque: Gabriel Machado

revisão: Luis Américo Costa e Luiza Miranda

diagramação: Ilustrarte Design e Produção Editorial

capa: Angelo Allevato Bottino

imagem de capa: Sot / Getty Images

impressão e acabamento: Lis Gráfica e Editora Ltda.

CIP-BRASIL. CATALOGAÇÃO NA PUBLICAÇÃO
SINDICATO NACIONAL DOS EDITORES DE LIVROS, RJ

S632t   Siqueira, Pedro

    Todo mundo tem um anjo da guarda/Pedro Siqueira;
Rio de Janeiro: Sextante, 2016.
    160 p.; 14 x 21 cm.

    ISBN 978-85-431-0437-9

    1. Anjos. 2. Espiritualidade. I. Título.

16-35790   CDD: 299.93
                                            CDU: 299.93

Todos os direitos reservados, no Brasil, por
GMT Editores Ltda.
Rua Voluntários da Pátria, 45 – Gr. 1.404 – Botafogo
22270-000 – Rio de Janeiro – RJ
Tel.: (21) 2538-4100 – Fax: (21) 2286-9244
E-mail: atendimento@sextante.com.br
www.sextante.com.br

Dedico este livro aos meus companheiros de oração, frei Juan Antonio, Otto Blanco e Alexandre Pinheiro. A riqueza espiritual que vocês me proporcionam não tem preço!

Como não poderia deixar de ser, também o dedico aos meus amores, Natália e João Antônio.

Sumário

I

Introdução

$\mathcal{E}$m meu livro anterior, *Você pode falar com Deus*, expus alguns elementos importantes para a oração pessoal. Meu objetivo era fazer com que as pessoas dedicassem um tempo de seu dia ao Pai Celestial. Além disso, procurei demonstrar que os leitores têm a capacidade de se tornar mais íntimos do Criador.

Nele, dediquei o primeiro item do capítulo "Componentes para a boa relação com o mundo espiritual" à oração que se faz na companhia do anjo da guarda. O impacto foi grande! Desde então, aonde quer que eu vá dirigir grupos de oração, os fiéis me perguntam se têm um anjo protetor. Desejando saber mais a respeito desses seres espirituais, apresentam inúmeros questionamentos.

Minha resposta é sempre a mesma: todo mundo tem um anjo da guarda! Os outros sempre me olham com espanto. "Como assim? Todos os seres humanos da face da Terra têm um anjo guardião?!" Digo que sim. Desde a concepção, Deus designa a todos um ser angélico para acompanhá-los em sua jornada neste mundo.

Acredito que alguns leitores estejam se perguntando como posso ter tanta certeza disso. Minha crença vem da experiência pessoal. Há 45 anos, desde que nasci, convivo com os anjos e, em especial, com meu anjo da guarda, I.

Certo dia, em Recife, após a recitação do terço, um senhor me disse:

– Pedro, deve ser maravilhoso acordar e dormir cercado por anjos. Sua vida deve ser um paraíso!

– Sinto desapontá-lo, mas não é bem assim... – respondi, sorrindo.

– Por quê?! Durante o terço, você falou que, logo pela manhã, faz orações com seu anjo da guarda – replicou ele, encarando-me com um olhar confuso.

– Sim, é verdade.

– À noite, o mesmo anjo, esse de que você fala no canal do YouTube, vem até você?

– Exatamente. Se ele não aparece, eu o chamo. Normalmente, se não estiver cuidando de algo urgente no mundo espiritual, ele se põe a meu lado. Fazemos as orações, ele me dá alguma instrução e, depois, parte para o Paraíso enquanto durmo.

– Então! É uma maravilha, Pedro! – exclamou o homem, abrindo os braços.

– Não posso negar que é muito bom. Mas tem um detalhe importante que me causa alguns problemas.

– Que detalhe?

– Estar acompanhado de I. é algo especial. Por vezes, me encontrar na presença de outros seres angélicos é fantástico. Mas, infelizmente, há também em minha vida anjos caídos.

– O que é isso?

– Demônios. As pessoas dotadas de visão espiritual não têm acesso apenas ao que é bom: acabam por ver e sofrer ataques dos espíritos malignos, entende?

– Acho que sim...

O homem partiu com uma expressão de dúvida.

Dessa forma, é importante esclarecer: quando menciono anjos, não quero dizer que minha vida seja frequentada, tão somente, por anjos bons. Segundo Apocalipse 12, 7-9: "Aconteceu então uma batalha no Céu: Miguel e seus Anjos guerrearam contra o Dragão. O Dragão batalhou juntamente com os seus Anjos, mas foi derrotado, e no Céu não houve mais lugar para eles. Esse grande Dragão é a antiga Serpente, é o chamado Diabo ou Satanás. É aquele que seduz todos os habitantes da terra. O Dragão foi expulso para a terra, e os Anjos do Dragão foram expulsos com ele."

Os anjos caídos – aqueles que foram expulsos do Paraíso por São Miguel Arcanjo e seu exército (a milícia celeste), popularmente denominados de demônios – também fazem parte do meu cotidiano, lançando seus ataques a mim, aos meus amigos e à minha família. Mas esse é um assunto para outro momento. Neste livro, tratarei dos anjos que frequentam a companhia de Deus e darei ênfase à atuação dos anjos da guarda.

Lembro-me que na década de 1990, pouco depois que comecei a fazer encontros de terço na igreja do bairro em que fui criado, um grupo de senhoras me cercou ao final de uma de nossas reuniões. Durante aquela oração, eu tinha mencionado a presença de I. e dissera que, ali conosco, havia outros anjos da guarda.

O grupo sentira algo especial durante aquela noite e estava impressionado com a atmosfera diferente. As senhoras me afirmaram que nunca tinham experimentado coisa igual. Não compreendiam o motivo, pois frequentavam aquela mesma igreja e rezavam o terço todos os dias. Desejavam saber o que havia mudado.

Então se juntaram ao grupo alguns homens e todos falavam ao mesmo tempo, demandando uma explicação. Exigiam, "por medida de justiça", que, em algum dos encontros futuros, eu descrevesse meu anjo da guarda e os demais seres angélicos que ali se fizessem visíveis aos meus olhos. Eu acatei o pedido.

Passados tantos anos daquele evento, não tenho mais certeza dos lugares onde dei a explicação sobre os anjos e descrevi I. Também não me recordo se esclareci ao povo como ele e os outros anjos da guarda costumam atuar.

Para não cometer qualquer omissão nesse assunto nem injustiça com aqueles que, apesar de me seguirem por tantos anos pelas redes sociais, nunca me ouviram falar do meu anjo da guarda nem das criaturas dos diversos coros celestiais, cumpro com meu dever nas linhas que se seguem.

I. é um arcanjo de aproximadamente 3 metros de altura, sem asas. Surge instantaneamente em meu campo de visão, e não aos poucos. Costuma trajar túnica verde com detalhes dourados na gola e nas mangas. Não tem o hábito de carregar objetos, mas pode fazê-lo se desejar me passar uma mensagem. Uma vez, quando eu era adolescente, sofri um ataque demoníaco em casa. I. apareceu e se pôs entre mim e o inimigo. Manejando uma espada de luz esverdeada, expulsou-o.

Meu anjo guardião tem a pele luminosa (modo de dizer, já que os seres angélicos não têm corpos, são puramente espíritos), que emite uma suave luz verde-clara. O tom dos cabelos é o mesmo, só que um pouco mais escuro, lembrando a folhagem menos densa da mata atlântica do Rio de Janeiro. Eles parecem estar soltos ao vento, devido ao movimento constante.

Seus olhos são como duas esmeraldas luminosas. Neles não identifico córnea, íris, humor aquoso, músculos ciliares, cílios ou sobrancelhas. A impressão é que são feitos de pura luz. O brilho que emana pode variar conforme a situação. Quando realizei a primeira cirurgia na perna esquerda para extrair um tumor ósseo, aos 7 anos, I. permaneceu em pé ao lado da cama do hospital a noite toda. Ele me olhava fixamente e emitia uma luz prata-azulada sobre meu corpo. A sensação era maravilhosa.

Seu rosto é anguloso, com lábios finos e harmoniosos e nariz fino e reto. Seu pescoço é estreito e longo, mas de forma equilibrada com o corpo delgado, dando-lhe elegância. Está sempre descalço e tem uma voz especial, que pode impactar meus tímpanos como um trovão (ao reprovar alguma má ação minha) ou cantar a mais bela melodia, com afinação e técnica vocal irretocáveis (quando entoa cânticos ao Pai Celestial).

Não tenho um anjo da guarda só porque sou católico ou porque sou batizado. Aliás, ter um anjo protetor não decorre de qualquer religião. Trata-se, simplesmente, de um presente de Deus para toda a raça humana. Há pessoas que alimentam tal relação de amizade por toda a vida, mas existem as que ignoram ou não creem na presença do anjo custódio.

Estou seguro de que até mesmo uma pessoa que não tem religião definida ou não crê no Pai Celestial veio acompanhada por um anjo guardião quando chegou ao nosso mundo. O fato de gozar ou não de sua companhia também não está na formação do ser humano no ventre da mãe nem no tipo de parto, mas na forma como ele é criado e cresce, assumindo seu lugar no ambiente terreno, com suas crenças e convicções.

Nas diversas cidades por onde passo em função do meu ministério de oração, tenho visto anjos da guarda ao lado de católicos, judeus, budistas, kardecistas, umbandistas, evangélicos, hinduístas e muçulmanos – perdão se cometo a gafe de não citar outras religiões ou crenças espirituais. Por vezes, vejo-os também perto de pessoas que dizem não ter religião, mas acreditam em Deus. Todos dedicam parte de seu tempo ao cultivo da amizade com seu anjo protetor.

Louvável é a certeza que os fiéis têm sobre a existência dos anjos da guarda. Sem nunca tê-los enxergado, afirmam sua presença em nosso mundo e em suas vidas de forma convicta. Cumprem, assim, a palavra de Deus: "Felizes os que acreditaram sem ter visto" (João 20, 29). Aos olhos do Criador, essa atitude tem um valor muito superior ao de qualquer dom de visão espiritual.

Volto a repetir a premissa básica deste livro: todos nós temos um anjo da guarda desde o momento da nossa concepção. Para embasar outra vez essa afirmação, relembro a experiência mística que tive no fim de 2010, no Santuário de Aparecida do Norte.

Dentro daquele lugar santo, um arcanjo de túnica violeta informou a mim e minha esposa que iríamos ter um filho. Ele se apresentou como o anjo da guarda do menino que estava no ventre materno. Até aquele momento, não sabíamos que minha esposa estava grávida. O fato foi confirmado no dia seguinte, com um exame de farmácia. O sexo do bebê (masculino), todavia, só foi constatado meses mais tarde, através de uma ultrassonografia.

Além da importância que a intimidade com o anjo da guarda tem na vida espiritual, outro fator relevante me motivou a escrever esta obra: a confusão que certas pessoas fazem entre os seres angélicos e os espíritos humanos de grande pureza, caridade e amor.

Alguns kardecistas que frequentam meus terços me disseram que os anjos, na realidade, seriam espíritos humanos de luz, que teriam evoluído e atingido um nível de excelência espiritual. Discordo, com o devido respeito, de tal posicionamento.

Os seres angélicos não se confundem com qualquer alma humana. Tenho contato com almas configuradas a Cristo, como São Francisco de Assis, Santa Rita de Cássia, Santo Padre Pio e São Jerônimo – só para citar alguns nomes. Em nada se parecem com os anjos. Não têm as mesmas funções nem os mesmos poderes ou a mesma aparência.

Para completar, em determinadas tardes de autógrafos, algumas pessoas de diversas religiões, inclusive católicos mais radicais, já se aproximaram de mim para afirmar que anjos não passam de ficção.

Segundo os descrentes, tais criaturas não existiriam porque Deus não precisaria de nenhum tipo de ajuda para cuidar de nós ou da Terra. Na opinião deles, por ser onipotente, o Pai Celestial não necessitaria de nada nem de ninguém para realizar seus planos.

Esse argumento não é bom. Deus de fato é onipotente; essa verdade é indiscutível. Mas isso não significa que não queira se valer das criaturas para dar nova forma à sua obra.

O Criador não precisa, por exemplo, de nossos pais ou mães para nos colocar no mundo. Por que, então, você tem pai e mãe? Na verdade, o Senhor do Universo não precisa sequer de nossa presença no mundo. Mas você existe, não é? Por que Ele decidiu fazer tudo isso?

Um dos principais documentos da Igreja Católica, que tira milhares de dúvidas, é o Catecismo. Trata-se de um compêndio do conhecimento da fé acumulado por mais de dois mil anos de história, com formulação precisa e reconhecida pelo Vaticano. Pois bem, no número 295 do livro, vemos uma boa resposta para as perguntas acima: "O mundo procede da vontade livre de Deus, que quis fazer as criaturas participarem de seu ser, de sua sabedoria e de sua bondade." Os anjos e os seres humanos existem, então, por ato de amor do Criador, que deseja nossa colaboração em sua obra, para sua glória e felicidade.

Além disso, Deus quis que os anjos firmassem um vínculo de amizade conosco. O Pai Celestial se alegra muito em ver que seus filhos e as criaturas angélicas convivem em harmonia e paz. Portanto, em sua imensa bondade, decidiu designar um ser angélico para auxiliar e defender cada ser humano, cumprindo a vontade do Todo-Poderoso. Quanta obediência e amor têm essas criaturas especiais!

Durante todos esses anos, observei que cada anjo só guarda uma pessoa. Note bem que situação interessante: você tem um anjo da guarda, dado por Deus, e ele é só seu! Enquanto você estiver vivo aqui na Terra, o ser angélico será seu protetor exclusivo. Se vocês tiverem intimidade suficiente, no dia de sua morte ele o levará pessoalmente à morada celeste.

I., por exemplo, é meu guardião e de mais ninguém! Posso, algumas vezes, lhe pedir que auxilie e proteja outra pessoa e, em dado momento, ele irá obedecer. Trata-se de algo excepcional, pois não é essa sua tarefa originária.

Certa vez, na cidade de São Paulo, diante de um grupo de oração, uma mulher se pronunciou:

– Pedro, não é possível! Somos muitos aqui na Terra. Se cada um tivesse o próprio anjo da guarda, eles seriam em tão grande número quanto nós! Pode imaginar? A Terra, que já está com excesso de gente, ganharia mais um montão de criaturas. Como poderíamos conviver em paz?

– Em primeiro lugar, note que os anjos não são criaturas corpóreas como nós. Assim, não ocupam o espaço que nós ocupamos. Não seria necessário procurar lugar para todo mundo se acomodar!

"Não entendo por que as pessoas insistem em considerar o mundo espiritual idêntico ao nosso...", pensei.

– Tudo bem. Mas, ainda assim, se existem tantos anjos, imagino que uma pessoa com seus dons não tenha paz. Deve ver anjos passando para todos os lados o tempo inteiro! – insistiu ela.

– Também não funciona dessa forma.

– Como não? Você não vê os anjos?

– Sim, mas a senhora está fazendo confusão. Veja bem, a pessoa que tem a capacidade de ver o mundo espiritual se assemelha a uma antena de televisão.

– Não entendi...

– Pense na sua televisão. Como a senhora faz para sintonizar um canal?

– Basta digitar no controle o número do canal que desejo ver.

– Muito bem. A senhora sabe por quê?

– Não entendo esses aparelhos, Pedro! – exclamou ela, já impaciente.

– Existem faixas de frequência. Se a senhora sintonizar em determinado canal, vai assistir a tudo que está ali, mas não poderá ver os outros canais. Hoje em dia, existem aparelhos que captam mais de um canal ao mesmo tempo, exibindo duas imagens simultâneas. Só que há limites: todos os outros canais ficam de fora.

– Ah, minha televisão consegue fazer isso. – Enfim ela sorriu.

– Com o mundo espiritual é a mesma coisa. Preciso sintonizar um canal. Não tenho a capacidade de ver tudo o que acontece por lá ao mesmo tempo. Não conheço, aliás, ninguém que o faça, pois são muitas dimensões.

– Então, durante as reuniões do terço, você não consegue ver tudo o que se passa no mundo espiritual? Só uma parte?

– Exatamente. A senhora entendeu bem! Só vejo aquilo que consigo sintonizar. Talvez haja frequências mais difíceis, que não consigo alcançar naquele momento. Além disso, essas visões dependem da permissão de Deus.

– Então, Pedro, durante o terço, há muito mais anjos do que você está vendo?

– Sim. Na realidade, eles são bem mais numerosos do que nós, humanos!

Tal verdade pode ser depreendida das passagens de Daniel 7, 10 ("Milhares e milhares o serviam e milhões estavam às suas ordens") e de Apocalipse 5, 11 ("uma multidão de anjos (...) Eram milhões e milhões e milhares de milhares").

Ela me olhou com espanto, mas compreendeu. A explicação, porém, aguçou sua curiosidade e, imediatamente, fez surgir uma avalanche de perguntas:

– Pedro, se é assim, por que muita gente não consegue ver, ouvir ou sentir o próprio anjo da guarda? Todo mundo pode se comunicar de alguma forma com ele?

– Calma, senhora. Para lhe responder tantas indagações, seria preciso escrever um livro! Não temos tempo, hoje, para um debate tão profundo. Preciso pegar o avião de volta para o Rio de Janeiro.

– Muita gente tem essas dúvidas, Pedro. Escreva logo o livro!

Ela estava coberta de razão: o tema realmente é de suma importância e merece um livro.

Outra questão interessante que me colocaram durante as tardes de autógrafos foi: um católico é obrigado a acreditar na existência dos anjos? Para a Igreja Católica, a existência dos seres angélicos é uma verdade de fé. O que isso significa?

As verdades de fé não são dogmas, mas constituem objeto de crença e reverência por parte do povo católico. Com o decorrer dos anos, podem sofrer algum desenvolvimento doutrinal e, se necessário, ser declaradas dogmas.

O Catecismo da Igreja Católica, em seu número 328, explica: "A existência dos seres espirituais, não corporais, que a Sagrada Escritura chama habitualmente de anjos, é uma verdade de fé."

Quando o papa faz uma declaração formal e solene sobre uma verdade de fé, ela se torna dogma. Ao ganhar tal qualificação, ela é tida como imutável e considerada infalível para o povo católico, não podendo mais ser questionada.

Confirmamos a existência dos anjos pela própria oração do Credo: "Creio em um só Deus, Pai Todo-Poderoso, Criador do céu e da terra e de todas as coisas visíveis e invisíveis." Os anjos encaixam-se, é claro, no âmbito do mundo invisível. Então, para a Igreja Católica, a existência dos seres angélicos é uma verdade de fé, portanto admite aprofundamentos, debates e explicações.

Conforme está escrito no número 329 do Catecismo, Santo Agostinho ensina que "anjo (mensageiro) é designação de encargo, não de natureza". O que isso quer dizer? Ele explica que o nome "anjo" traduz aquilo que a criatura *faz* (ou seja, ser mensageiro de Deus), e não aquilo que ela é. De qualquer modo, nos habituamos a chamá-las de anjos.

Nos números 330 a 335, o Catecismo deixa claro que os anjos são seres dotados de inteligência e vontade, além de imortais, que superam em perfeição todas as criaturas visíveis. Como nós, têm sua individualidade, suas características típicas, não se confundindo uns com os outros. No entanto, eles não nos superam em dignidade. Por quê?

Em Hebreus 1, 3-4, São Paulo nos fala sobre Jesus do seguinte modo: "O Filho é a irradiação da sua glória e nele Deus se expressou tal como é em si mesmo. O Filho, por sua palavra poderosa, é aquele que mantém o universo. Depois de realizar a purificação dos pecados, sentou-se à direita da Majestade de Deus nas alturas. Ele está acima dos anjos, da mesma forma que herdou um nome muito superior ao deles."

Deus se fez homem em Jesus Cristo. Não se fez anjo. A Ele, nosso Salvador, os anjos prestam seu serviço, com amor, honra e adoração. Em virtude dos méritos de Cristo, sua mãe, a Virgem Maria (um ser humano como nós), ganhou o título de Rainha dos Anjos. Os anjos a cercam e lhe obedecem, em grande veneração.

Sobre o anjo da guarda especificamente, o Catecismo, no número 336, afirma que, desde a infância até a morte, a vida humana é cercada pela proteção e intercessão desses seres angélicos. Vou além, frisando: nós, humanos, somos protegidos desde nossa concepção e, como já falei, somos levados por eles à morada celestial quando falecemos, se firmamos vínculos de amizade com nossos guardiões.

Apesar de as informações do Catecismo serem muito interessantes (sem contar todo o embasamento do Magistério da Igreja), a curiosidade do povo exige muito mais. Perdi a conta de quantas pessoas me perguntaram a respeito dos poderes dos anjos, de seus nomes, de sua aparência, humor, modo de comunicação e afazeres junto a nós e ao Pai Celestial.

Neste livro, procuro enfrentar tais aspectos sob o prisma de minha experiência pessoal, do contato que travei com essas criaturas maravilhosas ao longo de minha existência. A intenção não é só matar a curiosidade dos outros sobre os guardiões angélicos. Acima de tudo, quero demonstrar sua importância para nós, incentivando os leitores a conviver com eles a partir da narrativa de minha vivência e visão mística.

A intimidade com os santos anjos de Deus tem papel relevante para a salvação humana. Não se trata apenas de uma opinião minha, mas de algo que, há alguns séculos, nos foi comunicado por um grande arcanjo, o príncipe da milícia celeste, São Miguel. Em uma aparição a uma ilustre serva de Deus, a freira carmelita Antónia d'Astónaco, ele pediu que fosse honrado com as hierarquias angélicas, e Deus também glorificado, através da recitação de nove invocações. Elas correspondem a apelos dirigidos aos nove coros de seres angélicos e deram origem ao Rosário de São Miguel Arcanjo (oração que aparece na íntegra na parte final deste livro). Sua prática foi plenamente aprovada pelo papa Pio IX em 1851.

Segundo o arcanjo, aquele que lhe rendesse o referido culto teria, na ocasião em que se aproximasse da Santa Mesa Eucarística (ou seja, o momento da comunhão), um cortejo de nove seres angélicos, escolhidos dentre os nove coros. Além disso, para quem fizesse a recitação diária das nove saudações, São Miguel Arcanjo prometeu sua assistência e a dos demais anjos durante todo o decurso da vida e, depois da morte, a libertação do purgatório para si mesmo e seus parentes.

Por esse motivo, nos terços que rezo, antes das Ave-Marias do primeiro mistério, realizo as nove saudações, a cada um dos nove coros celestes. Não deixo de honrá-los, pois sei do valor de tal devoção. Quando me reúno com os grupos de oração, nas mais diversas cidades, faço o mesmo.

O tema, como já puderam perceber, é fundamental para os que almejam uma vida espiritual mais profunda. A Igreja Católica, ciente de sua importância, dá destaque à devoção aos anjos, enaltecendo-os em duas datas – mais conhecidas pelos fiéis como "festas" – a eles dedicadas: 29 de setembro (Dia dos Santos Arcanjos Miguel, Rafael e Gabriel) e 2 de outubro (Dia do Anjo da Guarda).

Com este livro, pretendo que as pessoas adotem a prática cotidiana de andar na companhia dessas criaturas tão poderosas, que nos foram dadas de presente pelo Pai Celestial. Acredite: sua vida pode ser bem melhor e mudar em todos os sentidos devido ao convívio e à amizade com seu anjo protetor!

II

Hierarquias e coros angélicos

Os seres angélicos interferem em nossa realidade por ordem do Criador. A matéria é regida diretamente por alguns deles. Outros o fazem indiretamente, supervisionando ou dando ordens às criaturas que detêm a missão de moldar os acontecimentos e transformações do nosso mundo, respeitando, entretanto, o livre-arbítrio.

Como já disse, nunca vi dois anjos idênticos. Os seres angélicos diferem uns dos outros em aparência e no exercício de suas funções. Algumas pessoas cometem o erro de pensar que são todos iguais. Há alguns anos, uma senhora veio me falar ao final de uma missa na Igreja de Santa Mônica, no Rio de Janeiro, onde eu participava do ministério de música.

– Pedro, enquanto cantávamos, fechei os olhos e visualizei uma revoada de anjos perto do teto da igreja. Eram como pássaros. Todos iam e vinham juntos, de forma sincronizada, passando perto do altar. Uma cena linda!

– Não entendi, senhora... Como pássaros?!

– Pedro, os anjos atuam em conjunto. Sempre fazem a mesma coisa. Não têm muita ideia de suas tarefas, pois obedecem cegamente aos comandos de Deus – acrescentou ela, confiante.

– Sinto muito, senhora, mas anjos que se comportam como se fossem pombos eu nunca vi! Aliás, os que conheço não se assemelham a passarinhos ou coisas do gênero, pois nunca me apareceu um com asas. Outro detalhe: eles têm livre-arbítrio, como nós, humanos. Obedecem a nosso Pai Celestial por amor. Não agem por instinto, cegamente, como a senhora está me dizendo. Anjos não se confundem com os humanos nem com os animais em geral...

Após ouvir isso, a mulher saiu raivosa da igreja, resmungando palavras que não ouvi bem, e foi se queixar em outro dia ao meu diretor espiritual, frei Juan Antonio González Espejel, um frade agostiniano recoleto. O frade depois me contou, bem-humorado, que também tentou, sem sucesso, explicar para aquela senhora que os anjos têm vontade própria e não trabalham nem se comportam como as aves.

O fato de que os seres angélicos não são idênticos entre si não deveria nos causar espanto. Basta observarmos a raça humana. Somos diferentes uns dos outros, mas, por vezes, ouvimos de habitantes do Ocidente que os orientais são muito parecidos. Já no Oriente, existem aqueles que pensam o mesmo a respeito dos ocidentais. Se, todavia, perguntarmos para pessoas da mesma região se acham que, fisicamente, se parecem, vão ficar chateadas e dizer com convicção que não. Por quê? Estão habituados a ver seus traços distintivos, dia após dia, por diversas gerações.

Outro exemplo é o caso dos gêmeos univitelinos. Quem não está habituado a conviver com eles acha que são seres humanos idênticos, não conseguem perceber as diferenças que sem dúvida existem. Porém, os amigos e familiares não cometem o mesmo equívoco – com absoluta tranquilidade, apontam quem é quem. Por quê? A explicação é igual à anterior: estão acostumados a vê-los, logo enxergam os aspectos característicos. Seus olhos treinados não vão confundir um com outro.

Com os anjos ocorre o mesmo. Se a pessoa tem olhos espirituais capazes de vê-los, precisa estar habituada a tal prática para poder identificá-los sem fazer confusão. Por quê? Os anjos, da mesma forma que nós, têm traços padronizados. Em um primeiro momento, tais semelhanças chamam nossa atenção e os fazem parecidos aos nossos olhos. Isso vale para todas as categorias de seres angélicos.

Existem funções comuns aos diversos grupos, mas cada anjo executa as tarefas a seu modo. Para compreender o que digo, basta mais uma vez pensar em nós. Dentro da medicina, existem diversas especialidades. No âmbito de cada um dos campos, os médicos têm formação parecida. Assim, todos os anestesistas diplomados pela mesma universidade provavelmente cursaram as mesmas matérias fundamentais, logo têm a mesma formação. Isso não significa, é claro, que exerçam a medicina do mesmo modo. Cada um tem seu jeito. Além disso, há médicos mais talentosos que outros, com mais recursos culturais e intelectuais. Com os seres angélicos se dá algo similar.

Seja como for, em cada coro encontram-se criaturas muito parecidas. Assim, aos olhos capazes de vê-las, mas com pouca experiência nessa prática, todos os arcanjos são iguais. Se, contudo, compararmos criaturas de coros diversos, vamos encontrar diferenças mais marcantes, como, por exemplo, anjos e virtudes – não encontraremos qualquer traço de igualdade.

As três hierarquias e os nove coros celestes constituem as divisões que considero mais didáticas para classificarmos os seres angélicos. Os coros encontram-se agrupados de três em três dentro das hierarquias, conforme o seguinte esquema:

A primeira hierarquia reúne os seres angélicos que estão mais próximos de Deus: serafins (citados em Isaías 6, 2), querubins (Gênesis 3, 24; Êxodo 25, 18; 1 Reis 6, 23; Salmos 18, 11; Ezequiel 10, 3; Daniel 3, 55) e tronos (Colossenses 1, 16). A segunda, um pouco mais afastada do Todo-Poderoso, é composta por dominações (Efésios 1, 21), virtudes (Ef 1, 21) e potestades (Ef 1, 21; 1 Pedro 3, 22). Na terceira e última estão os principados (Colossenses 1, 16), arcanjos (Tobias 3, 16-17; Daniel 8, 16; 9, 21; 10, 13-21; 12, 1) e anjos.

Em nosso planeta, atuam as criaturas da última hierarquia. As demais não têm ação direta sobre nossa realidade. Na ordem de importância, tomando-se por base os poderes que detêm e o comando que exercem aqui, temos, em primeiro lugar, os principados. A seguir, os arcanjos e, por fim, os anjos. Explico um pouco mais sobre suas funções no capítulo seguinte, em conjunto com as visões que tive de cada uma dessas criaturas. Quais são, em geral, as funções dos outros coros?

Consideremos os seres angélicos da primeira hierarquia. Os serafins, segundo a tradição católica, são espíritos incandescentes de fogo e refletem a imagem do amor de Deus. Os querubins, a sabedoria (ou ciência) do Criador. Os tronos, os juízos do Todo-Poderoso. Até o momento da publicação deste livro, não vi nenhuma dessas criaturas com meus olhos espirituais.

Passando à segunda hierarquia, temos as dominações, que, de acordo com a tradição católica, são livres de toda opressão, dominando e ordenando os espíritos angélicos inferiores. As potestades se preocupam, de forma genérica, em elaborar táticas para que a vontade de Deus seja implementada no Sistema Solar, sob o critério da multiplicação dos atos de amor e paz, ocupando-se de assuntos sobre a vida e a morte de todas as criaturas que o habitam. Nessa missão, são supervisionadas pelas virtudes, que estão hierarquicamente acima delas e traduzem a pureza de Deus, emanando fortaleza para que as potestades e os seres angélicos que atuam em nosso planeta implementem seu trabalho entre nós.

Aqui cabe uma breve observação sobre hierarquia. Para mim, as virtudes são superiores às potestades. Há, todavia, estudiosos que consideram como correta a ordem inversa. Portanto, não se trata de ponto pacífico entre os teólogos. Minhas visões, contudo, encontram apoio em dois grandes santos católicos: São Dionísio e Santo Tomás de Aquino. Além disso, São Paulo expõe a mesma ordem aqui adotada, nos seguintes termos: "acima de todo principado, potestade, virtude, dominação e de todo nome que possa haver neste mundo como no futuro" (Efésios 1, 21).

Dentro de cada coro, há milhões de criaturas. Todas elas têm o próprio campo de atuação. Não faria sentido Deus criar milhões de seres idênticos! Cada um tem seu traço distintivo, sua assinatura pessoal.

É preciso frisar que as criaturas de cada coro têm livre-arbítrio. Por não serem carnais como nós (não possuírem um corpo físico), não cometem os pecados que cometemos. O único pecado de que são capazes é o da soberba, que, aliás, foi a causa da queda de Lúcifer e de parcela dos seres angélicos. Tais criaturas, rebeldes contra os desígnios de Deus, foram banidas da presença do Pai Celeste e expulsas de seus coros. Como punição, ficaram confinadas aqui, na

Terra, impedidos de ver e conviver com Deus e os demais seres do Paraíso. Elas constituem um número considerável de demônios.

Os anjos (para usar o termo genérico e popular) que se encontram dentro do mesmo coro não são idênticos. Não é só a matéria – tal como a conhecemos em nosso mundo – que causa individualização das criaturas. Nosso Pai Eterno e seus anjos são muito mais complexos do que nossa mente humana e a realidade terrena podem alcançar.

Dou-lhes outro exemplo. O anjo da guarda de meu filho, como já escrevi, é um arcanjo. São Miguel também pertence ao mesmo coro. Ao se materializarem diante de meus olhos, em diversas oportunidades, notei traços característicos do coro de onde provêm. Por exemplo, seus rostos são mais angulosos do que os dos integrantes do coro dos anjos, sua luz brilha de forma mais intensa, os olhos têm uma luminosidade distinta e os cabelos parecem mais densos.

Ao mesmo tempo, porém, percebi diferenças interessantes: a cor dos cabelos e dos olhos, a altura, o pescoço, as mãos, utensílios. São Miguel tem cabelos que se assemelham a fogo, enquanto os do arcanjo de meu filho, de nome V., são violeta. Miguel é, aproximadamente, meio metro mais alto do que V. e seu pescoço é um pouco mais grosso.

O guardião não costuma trazer qualquer utensílio, já São Miguel sempre aparece com sua espada de fogo nas mãos – que parecem ter contorno mais definido, menos etéreo, que as de V. Suas funções também diferem: V. tem habilidades ligadas ao tratamento emocional e espiritual das pessoas; o comandante da milícia celeste atua no combate espiritual.

Até a data da publicação deste livro, fizeram-se visíveis aos meus olhos integrantes dos seguintes coros: anjos, arcanjos, principados, potestades e virtudes. Dentre as criaturas a que tive acesso, algumas revelaram seus nomes. Por vezes, a nomenclatura é masculina e, em outras, feminina, mas trata-se apenas de uma questão de denominação, pois nenhum ser angélico tem sexo.

Para que fique claro: anjos não são homens nem mulheres. São puro espírito. Podem se materializar em nosso mundo como adultos, crianças ou animais, mas só por uma boa razão, normalmente com a finalidade de defender seus protegidos. Dom Bosco, por exemplo, na Itália, foi salvo de bandidos por seu anjo da guarda, que se corporificou como um grande cão, um mastim.

Meu anjo da guarda, no entanto, nunca se materializou de forma diferente da que descrevi na Introdução. Tal procedimento, repetido por tantos anos, é excelente para minha segurança, pois nenhum demônio conseguiu, até hoje, passar-se por ele.

Nenhuma criatura angélica surgiu diante de meus olhos com asas. É possível, contudo, que apareçam para seus protegidos (ou para quem tem o dom de vê-las) desse modo. Afinal, são puros espíritos que podem assumir a forma que quiserem.

Tenho uma explicação para as pessoas idealizarem os seres angélicos com asas. Como eles não estão sujeitos à gravidade, já que não possuem corpo físico, dão a impressão de estarem, na maior parte das vezes, voando. Há, ainda, a crença de que os anjos sobem aos céus para levarem nossos pedidos ao Pai e, de lá, descem trazendo suas mensagens.

Somam-se a esses motivos narrativas bíblicas como a do profeta Isaías (Is 6, 2), que designa certo número de asas aos seres angélicos dependendo de seu coro. Em minha opinião, trata-se de linguagem figurada, que guarda informações místicas. Tais textos não podem ser interpretados literalmente. Penso que esse conjunto de fatores fez com que os artistas, desde tempos remotos, retratassem os anjos com asas.

Considero muito interessantes as informações da irmã Lúcia (uma das videntes de Nossa Senhora de Fátima) sobre a aparição que lhe fez o Anjo de Portugal, na primavera de 1916, na Loca do Cabeço. Em suas *Memórias*, ela escreve: "Começamos a ver, a alguma distância, sobre as árvores que se estendiam em direção ao nascente, uma luz mais branca que a neve, com a forma dum jovem, transparente, mais brilhante que um cristal atravessado pelos raios do sol. À medida que se aproximava, íamos-lhe distinguindo as feições." Nada de asas. Aliás, os romeiros que vão ao Santuário de Fátima podem adquirir, nas lojas de artigos religiosos, a imagem do tal anjo – também sem asas!

Ao contrário dos humanos, anjos não se reproduzem. Só o Pai Todo-Poderoso pode multiplicá-los, por meio de sua vontade. Não sei dizer ao certo em que era eles foram criados por Deus. A única informação que tenho me foi dada por I. Quando o questionei a respeito do assunto, ele me respondeu:

– Pedro, o Senhor do Universo me criou antes de fazer a Terra.

Portanto, calculo que boa parte dos seres angélicos existe há mais tempo que nosso planeta.

III

Minhas visões das hierarquias

1. Virtudes

Em 2011, vi pela primeira vez uma criatura angélica do coro das virtudes. Eu estava fazendo a Via-Sacra no bosque de Valinhos, que fica a um quilômetro do Santuário de Fátima, em Portugal. Em minha opinião, é um dos locais mais poderosos que existem no mundo, pois, lá, Nossa Senhora do Rosário fez o maior número de aparições em solo português. No mesmo ano e lugar, o Anjo de Portugal também apareceu a três crianças que pastoreavam ovelhas: Jacinta, Lúcia e Francisco.

Nesse bosque, cada estação da Via-Sacra é representada por imagens nas paredes de pequenas estruturas cilíndricas idênticas e acessíveis ao povo.

Após a nona estação, em ponto próximo à imagem da Virgem Maria confeccionada para celebrar sua aparição em 19 de agosto de 1917, meu anjo da guarda pediu que eu parasse de caminhar. Obedeci. Então me orientou a observar as casas do vale adiante, que se encontravam a mais ou menos um quilômetro e meio de distância. Assim o fiz. Era por volta das dez horas da manhã. O dia estava claro, com um céu sem nuvens, e eu estava na companhia do frei Juan Antonio, de meu primo Alexandre e meu amigo Otto.

Sem perceber a presença de I., os três foram adiante, mantendo o ritmo, rumo à estação seguinte. Antes de a atingirem, pararam e, silenciosamente, puseram-se a me observar, esperando que eu fosse até eles. Permaneci imóvel, contemplando a paisagem. Por alguns segundos, nada se passou diante de meus olhos. Preocupado em dar seguimento à oração e meditação e vendo que meus amigos me aguardavam, mentalmente falei ao meu anjo:

– I., você me disse para ficar aqui um tempo. Mas nada está acontecendo. Não sei o que você quer me mostrar. Prefiro continuar rezando com eles. Não quero perder meu tempo aqui parado. Além do mais, estou atrapalhando a oração do grupo todo.

– Pedro, silêncio. Concentre-se! Fixe seus olhos no horizonte, pouco acima dos telhados daquelas casas. – Ele apontou com o indicador.

– Tudo bem – respondi, impaciente, voltando-me para as casas.

Resolvi lhe dar crédito e esperar mais um minuto. Assim que inspirei pelo nariz e soltei o ar com força pela boca, começaram a descer do céu raios de luz prateados em grande velocidade. Eram translúcidos e, ao pousarem nas casas, produziram um som de impacto que só eu ouvi. Impressionado, fechei os olhos, esfreguei-os com as mãos e os abri novamente. Lá estavam elas: cinco criaturas em formato de chamas prateadas, emanando uma energia tão fantástica quanto a do sol que brilhava sobre nossas cabeças. Aparentavam ser muito altas, pois eram maiores do que as construções de dois andares onde se mantinham de pé (se é que posso usar tal expressão, já que não vi pés, pernas, braços ou cabeças). Fiquei todo arrepiado com a força que elas emitiam e que vinha na direção do bosque.

– I., o que é isso? De onde vêm essas criaturas? – perguntei, curioso.

– São as virtudes. Deus, em sua imensa bondade, lhe deu permissão para vê-las.

– Devo contar aos demais a respeito disso?

– Sim, você tem permissão para dizer a eles tudo o que está se passando no bosque.

Depois de um minuto, com um estrondo audível apenas para mim, partiram como raios em direção ao céu. Meus amigos começaram a ficar impacientes com minha demora.

– Vamos logo, Pedro. Por que está demorando aí? Não vamos interromper a oração! – gritou frei Juan Antonio.

– Viu alguma coisa interessante lá embaixo? – quis saber Alexandre.

– Se viu, tem que partilhar conosco, não é, frei? – indagou Otto.

Antes que a "rebelião santa" começasse, resolvi explicar ao grupo o que se havia passado. Aproveitando a revelação, frei Juan Antonio puxou uma oração para que as bênçãos do coro das virtudes viessem sobre nós. Entregamos nossos pedidos e, claro, os agradecimentos por terem nos visitado.

2. Potestades

Tive a visão de uma potestade pouco tempo depois da experiência com as virtudes. Havia alguns meses estava intercedendo por um amigo que fora diagnosticado com câncer.

Certa manhã, decidi levar meu cachorro para dar uma volta na rua e, aproveitando o percurso, rezar um terço pela saúde do rapaz. Desci com meu terço de contas de madeira na mão, estrategicamente enfiada no bolso da bermuda.

Após completar o primeiro mistério, antes de virar a esquina de casa, percebi uma luz intensa, com tons de violeta e prateado, que tomou conta da rua. As poucas pessoas que por ali passavam não notaram nada. Ao perceber que aquilo era fora do normal, parei e peguei meu cachorro no colo. Pensei em voltar de imediato para casa, pois tive receio de ser alguma espécie de ataque espiritual ou a presença de um espírito maligno e poderoso.

Uma neblina começou a se formar aos poucos no interior da luz violeta e prateada. Sem pensar duas vezes, dei meia-volta. Estava decidido a retornar às pressas para casa. Nesse momento, meu anjo da guarda apareceu.

– Pedro, aonde pensa que vai?

Ele espalmou a mão direita no meu peito e eu me detive.

– Não vê o que está acontecendo? Você não deveria estar trabalhando? Cadê minha defesa, I.?

Ao invés de lhe responder, resolvera disparar perguntas, pois estava alarmado com a situação.

– Não há ataque nenhum – replicou ele, enfático.

Sua expressão demonstrava que não estava nada satisfeito com a interpretação que eu dava ao evento.

– Olha, I., nunca vi uma luz tão forte com essa mistura de cores. E essa neblina densa que está se formando no interior da luz? Da última vez que presenciei algo assim, me apareceu o demônio B. Aliás, não preciso explicar nada, você sabe muito bem do que estou falando!

– Você está confundindo as coisas. Naquela noite, quando o demônio lhe apareceu, não eram essas as cores. Pense um pouco, Pedro.

Ele dirigiu meu olhar para a cena, apontando-a.

– Tudo bem, não foram essas, mas não vou ficar aqui para conferir o que está por vir! Não quero que façam mal ao meu cachorro!

– Ninguém vai lhes fazer mal. Muito pelo contrário. Deus o favoreceu de novo. Você vai testemunhar algo extremamente importante e deve contar o que vai se passar aqui para o seu diretor espiritual.

Com tal discurso, I. me convenceu a ficar e ver o que acontecia. No meio da neblina surgiu uma forma. Não tinha membros, mas era possível distinguir uma cabeça totalmente encoberta por um capuz violeta. Não dava para ver nariz ou boca, mas havia duas luzes dentro do capuz que brilhavam como ouro. Para mim, tratava-se dos olhos da criatura, que me fitavam com intensidade.

Quando eu a encarei, a criatura se comunicou mentalmente comigo:

– Sou o Anjo da Morte. Venho do coro das potestades.

Desconcertado, virei minha cabeça à procura de I. Ele não estava mais comigo; havia partido sem se despedir.

Curiosamente, o ser angélico me disse a função ao se apresentar, mas não me deu seu nome. Acredito, porém, que as potestades também sejam nomeadas.

– Desculpe a pergunta, mas você veio me buscar? Está na hora? I. tinha me dado outra referência sobre a época de minha morte...

Não havia nenhum anjo ali para me proteger – ao menos que eu estivesse vendo –, então resolvi esclarecer o mais rápido possível o motivo daquela visita.

– O Senhor do Universo mandou-me aqui para lhe fazer um comunicado.

– Então não chegou minha hora? – perguntei, só para garantir que estava tudo bem.

– Não a sua. Mas, para que você compreenda quem sou eu, em exatos sete meses, seu amigo por quem você está intercedendo hoje partirá para a morada celestial. Esta noite será dada a você a visão do lugar onde ele ficará após o falecimento. I. o levará lá em espírito.

Ao dizer essas palavras, a criatura partiu com rapidez impressionante, fazendo sumir as luzes violeta e prateada. A neblina desapareceu, dando lugar simplesmente ao dia claro e ensolarado.

Vi naquela mesma noite em espírito, ao lado de I., o belo local onde meu amigo ficaria depois de deixar nosso convívio. Após sete meses, tudo se passou nos exatos termos colocados pela potestade e ele faleceu no dia por ela informado.

3. Principados

Meses depois da experiência com a potestade, I. apareceu em meu quarto às três horas da madrugada. Inicialmente, devido ao cansaço, virei para o outro lado na tentativa de voltar a dormir. Ele sacudiu meu ombro.

– Tenho algo importante para você aprender, Pedro.

– Precisa mesmo ser agora? Afinal, está tudo escuro lá fora e tenho que trabalhar amanhã.

– Você precisa me escutar.

Diante da insistência dele, não tive alternativa. Sentei-me na cama com cuidado para não acordar minha esposa, que dormia tranquila ao meu lado.

– Vamos lá, do que se trata?

– Você vai voltar a dormir. Logo que seu sono estiver profundo, o levarei em espírito para fora do planeta. Vamos ficar em órbita um instante. Há algo que preciso lhe mostrar.

Diante da curiosa explicação, achei melhor não perguntar mais nada.

Mais tarde, fiquei observando as estrelas e a lua por breves segundos.[*]

– Pedro, foque sua atenção na direção do planeta Mercúrio.

– Não faço a menor ideia de onde ele está, I.!

– Ali, Pedro. – Ele apontou.

Em um ponto anterior a Mercúrio, uma janela de luz começou a romper o escuro do céu. Tinha coloração azul--clara e brilhava bastante. Foi crescendo para todos os lados até tomar forma ovalada, algo próximo de um círculo. Passava-me a impressão de uma tela de cinema espiritual – é a única descrição que consigo dar.

Pude então ver uma figura imponente sentada em um trono de luz dourada. Tinha braços, pernas e cabeça, mas não identifiquei cabelos, boca ou nariz. Enxergava apenas

_____

[*] Uso essa medida de tempo para que possam compreender o que se passou, pois o tempo, para quem está fora do corpo físico, não passa da mesma forma que para as demais pessoas.

duas contas de luz prateada, que entendi serem olhos. A criatura não dirigiu a palavra a mim. Não travamos nenhum tipo de comunicação. Depois de poucos segundos, a imagem desapareceu.

– I., quem era aquele? Deus Pai?

– Não, Pedro, você viu um principado, aquele que tem a função de ordenar a região do planeta de onde você vem.

– Aquela criatura era do coro dos principados?!

– Sim. Comanda todos os arcanjos que operam em determinada região da Terra.

– Tenho muita curiosidade sobre essas criaturas, I. Posso lhe fazer algumas perguntas?

– Guarde sua curiosidade para outro momento. Seu tempo acabou. Você vai retornar ao corpo físico agora.

Com um tranco forte, acordei em minha cama. Procurei um relógio para ver quanto tempo havia se passado. Na minha cabeça, pensava ter ficado em órbita algumas horas! Entretanto, o relógio indicava que, desde a última vez que eu adormecera, tinham se passado apenas uns vinte minutos! O tempo de Deus não é mesmo equivalente ao dos homens...

Infelizmente, até a data da publicação deste livro, não tive o prazer de ver outro principado.

4. Arcanjos

Os arcanjos têm atuação fundamental em nosso planeta. São eles que regem os elementos da natureza, como a fauna, a flora, as águas, as tempestades e o fogo.

Quando o homem desmata ou promove a morte de uma espécie animal, agride os arcanjos por ela responsáveis. A obra de Deus é afrontada. Posso garantir que a existência terrena dos que praticam esses atos de destruição, bem como sua vida após a morte, não será nada boa.

O primeiro arcanjo que vi em minha vida foi I. Lembro-me dele em pé me vigiando, ao lado de minha babá, enquanto eu brincava na praça Eugênio Jardim, em Copacabana, Rio de Janeiro.

Recordo-me também de ter visto, ainda criança, o arcanjo São Gabriel. Tinha por volta dos 6 anos e estava com meu pai no Posto 6, na praia de Copacabana. Estávamos nadando quando tive a impressão de identificar, pela visão periférica, uma criatura estranha saindo lentamente do mar. Preocupado, decidi me afastar, indo em direção à areia. Meu pai me acompanhou sem saber do acontecido, pois achei melhor sair logo do local sem falar nada. Em terra firme, reiniciei minha brincadeira, fazendo castelos de areia na beira do mar.

Volta e meia procurava a criatura que aparecera na água, mas nada via. O tempo foi passando e, em certa hora, São Gabriel se fez presente de novo. Da areia pude avistá-lo em pé sobre as águas, a me observar. Tinha túnica, cabelos e olhos azul-claros e rosto bastante anguloso. Como seu olhar traduzia paz e eu estava em terra firme, dessa vez não senti medo.

Naquela época, não sabia quem era aquele anjo. Não imaginava que ali, diante de meus olhos, estava o arcanjo que anunciara à Virgem Maria a encarnação do Verbo Divino. Tal explicação me foi dada por I. quatro anos depois, após uma aula de catecismo sobre Nossa Senhora no Colégio Santo Agostinho.

Nos últimos anos, durante alguns terços que dirigi, São Gabriel se fez presente. Quando ele aparece, sua luz azulada de brilho intenso se espalha por todos os cantos e desce sobre as cabeças das pessoas, concedendo-lhes a paz, consolando os corações sofridos. Ela tem a propriedade de combater os sentimentos negativos que o ser humano possa trazer na alma, dando-lhe alívio.

Em 1999, encontrei o arcanjo São Rafael pela primeira vez enquanto cruzava o mar Adriático em um *ferryboat*. Fazia tempo ruim, com nuvens carregadas. A embarcação zarpou por volta das cinco da tarde do porto de Ancona, na Itália. Após uma hora, uma tempestade desabou e o mar revolto começou a preocupar os passageiros. Ao olhar por uma janela, percebi uma luz diferente atravessando a noite escura. Procurei uma porta que desse no convés, para ver melhor o que estava acontecendo.

Assim que saí, fui fustigado pelo vento e pela chuva torrencial. No alto, pude ver a figura que iluminava a noite: um arcanjo que trajava túnica amarela e magenta. Seus olhos eram castanho-amarelados, bem como seus cabelos de luz. A tempestade parecia girar ao redor daquele ser angélico, e isso me trouxe paz. Ele era o maestro da situação.

– Como é seu nome? – perguntei.

– Sou Rafael.

– Aquele da passagem bíblica de Tobias?

Referia-me ao livro onde o arcanjo se apresenta da seguinte forma: "Eu sou Rafael, um dos sete anjos que estão sempre prontos para entrar na presença do Senhor glorioso" (Tb 12, 15).

– Sim.

– A tempestade parece lhe obedecer. É impressionante!

Percebi que, com os movimentos dos braços e das mãos do arcanjo, as correntes de vento tomavam novo rumo e nuvens carregadas mudavam de lugar.

– Sim, o Senhor me dá permissão para tanto.

– Mas você não é o protetor dos peregrinos?

Naquele momento, lembrei-me da minha avó materna, que sempre me dizia que Rafael acompanhava os peregrinos e os levava para casa em segurança.

– Também sou.

– Ouvi histórias suas relacionadas a curas. São verdadeiras?

Estava curioso para saber se minha mãe tinha razão ao invocá-lo quando rezava para algum doente.

– Sim, eu e os anjos que trabalham comigo temos essa função.

Ele me revelou que, a partir daquele dia, me faria novas aparições, especialmente durante meus terços. Depois, desapareceu no meio da tempestade, que foi se dissipando aos poucos, com o passar das horas. Ao amanhecer, o mar já estava calmo e o céu, mais uma vez azul.

Desde criança, sempre senti a presença do arcanjo São Miguel ao meu lado, mas, por mais de vinte anos, ele nunca havia se materializado diante dos meus olhos. Eu já tinha visto anjos que faziam parte do exército de combate espiritual de São Miguel, mas o general, não.

Em junho de 1999, a situação se modificou. Com uma excursão de peregrinos brasileiros, fui visitar o Santuário de

São Miguel, em Monte Sant'Angelo, na província de Foggia, Itália. O visual do lugar é lindíssimo, pois é possível ver, do alto da montanha, as águas azuis do litoral.

Nesse lugar de beleza extraordinária, São Miguel fez sua primeira aparição, no ano de 490. O novilho de um homem abastado de Gargano se perdeu e foi encontrado pelo dono em uma caverna inacessível. Sem explicações para o ocorrido e sem conseguir resgatar o animal, o homem decidiu matá-lo com uma flecha de seu arco.

Fazendo pontaria, ele disparou. Antes de atingir o novilho, a flecha se deteve no ar, refez sua trajetória e voltou contra o homem, ferindo-o. Preocupado com o incidente, o dono procurou Lorenzo Maiorano, que era o bispo de Siponto, considerado um homem santo. Desejava saber o que tinha se passado e o que Deus queria com ele.

São Lorenzo (conhecido como "São Lourenço" em português) o aconselhou a fazer três dias de jejum e oração. No último dia, um arcanjo apareceu em sonho ao bispo de Siponto, convidando-o a abrir ao culto cristão a caverna onde o animal havia sido encontrado. Identificou-se como o arcanjo Miguel, que estava sempre na presença de Deus. Disse que a caverna era sagrada para ele, pois era seu guardião, e que ali os pecados dos homens poderiam ser perdoados e suas orações seriam ouvidas. O bispo não deu resposta imediata ao arcanjo porque, naquele local, havia um histórico de devoção a cultos pagãos.

Dois anos depois, a cidade de Siponto foi cercada por hordas de bárbaros. No limite de suas forças, Lorenzo pediu clemência ao chefe inimigo, conseguindo três dias de trégua. Com a pausa na guerra, o bispo reuniu o povo em oração e, novamente em sonho, o arcanjo voltou a lhe aparecer, prometendo-lhe a vitória no combate. Lorenzo comunicou tal fato aos soldados da cidade, que partiram cheios de confiança para nova batalha contra os bárbaros.

Durante o confronto, houve uma tempestade de areia e granizo, que atingiu violentamente os invasores. Assustados com aquele evento estranho da natureza, os bárbaros fugiram de Siponto. A cidade estava livre. Em comemoração, o bispo convocou uma procissão para subir a montanha onde ficava a caverna indicada pelo arcanjo. Mesmo assim, não ousou entrar nela.

Um ano após a vitória na batalha, em 493, Lorenzo decidiu consagrar a caverna ao arcanjo Miguel, demonstrando-lhe gratidão. Para tanto, foi a Roma narrar ao papa Gelásio I tudo que acontecera. Impressionado, o Sumo Pontífice apoiou o desejo do bispo e ordenou que o povo da região fizesse jejum e orações por três dias.

Todos obedeceram. São Miguel lhe apareceu em sonho pela terceira vez para explicar que não havia necessidade de consagrar a caverna, pois o próprio arcanjo já o tinha feito. O bispo, então, ordenou a construção de uma igreja na entrada dela, dedicada a São Miguel Arcanjo, em 29 de setembro de 493.

Séculos depois, em 1656, aquela região da Itália foi assolada por uma praga. O arcebispo de lá, Alfonso Puccinelli, resolveu combater a epidemia com orações e jejuns dedicados a São Miguel. Em 22 de setembro do mesmo ano, durante suas preces no palácio episcopal de Monte Sant'Angelo, Alfonso sentiu um tremor de terra. São Miguel apareceu diante de seus olhos e lhe disse para abençoar as pedras que se encontravam no interior de sua caverna.

Com a espada, o arcanjo gravou em uma das paredes o sinal da cruz e escreveu as letras M A, em referência ao seu nome. Explicou que as pessoas que, devotamente, tocassem as pedras seriam salvas da praga. A cidade ficou livre da peste pouco tempo após essa aparição.

No estacionamento próximo à entrada desse poderoso santuário, nosso ônibus estacionou. Pela janela, pude ver que o céu azul desaparecera e uma neblina intensa havia descido sobre nós. Os ventos começaram a soprar com muita força em nossa direção. Descemos do veículo. Os mais idosos não conseguiam vencer a força da corrente de vento para chegar à entrada da igreja.

O guia da excursão, então, me pediu para seguir na frente, pois tentaria dar um jeito de levar as pessoas de mais idade para o santuário. Parti de imediato para dentro do lugar amado por São Miguel. Passei pelos portões de ferro e adentrei a basílica. Deparei-me com uma longa escadaria, que descia em direção ao interior da construção. Não conseguia ver o final. Não havia ninguém ali naquela hora para me dar informações.

Percorri mais alguns degraus e vi uma luz avermelhada que vinha lá de baixo. Intuí que ela me convocava a ir até o fim. Assim o fiz. Ao chegar ao meu destino, encontrei a caverna de São Miguel, onde, hoje, funciona uma igreja.

A primeira coisa que fiz foi procurar o local visitado por São Francisco de Assis. Sabia que o santo estivera ali em peregrinação. Descalço, havia cruzado boa parte da Itália só para rezar naquele lugar. Ao alcançá-lo, exausto pelo esforço da viagem, Francisco repousara a cabeça em uma das pedras da entrada da igreja e adormecera.

Quando acordou, ele e o companheiro de peregrinação perceberam que suas testas e seus narizes tinham penetrado a rocha, formando o símbolo do tau – a cruz que frades franciscanos usam no pescoço. Humilde como era, o santo de Assis disse ao amigo que aquele era um lugar de extremo poder e santidade, pela presença do grande arcanjo, e recusou-se a entrar por não ser digno.

Ao avistar o tau gravado na pedra de entrada do santuário, ajoelhei-me e coloquei minha cabeça ali. A energia tomou conta da minha testa; parecia que minha cabeça iria se incendiar. De olhos fechados, orei pedindo a proteção de São Francisco de Assis. Levantei-me revigorado e parti para dentro da caverna.

Dominando o altar, estava a imagem de São Miguel. Escolhi o último banco à esquerda para, de joelhos, fazer minhas orações. Enquanto pedia a intercessão do poderoso arcanjo em minha vida, I. apareceu ao meu lado.

– Pedro, coloque suas mãos espalmadas em cima do encosto do banco da frente.

– Para quê?

– O príncipe vai chegar. Vem lhe dar uma bênção.

– Quem?!

Eu estava bastante concentrado em minhas preces e, do nada, meu anjo protetor aparecia cheio de informações. Aquilo me deixou confuso.

– O príncipe da milícia celeste.

No mesmo instante, a luz vermelha tomou conta do lugar. À direita do altar, próximo à parede rochosa, São Miguel apareceu com um estrondo.

O arcanjo trajava uma túnica vermelha com detalhes dourados e, por cima, uma armadura ao estilo romano, de cobre. Seus olhos vermelho-claros se fixaram em mim. Fiquei imóvel, de joelhos. A criatura, então, se aproximou. Desembainhou uma espada de luz, que aparentava ser de fogo, e a cravou em minha mão esquerda. Ato contínuo, repetiu o gesto na minha mão direita. Depois, desenhou no ar o sinal da cruz com a arma e desapareceu com outro estrondo.

Sem entender (até hoje) o que tal gesto significara, olhei para conferir se a espada havia furado minhas mãos, pois elas doíam muito! A pele estava intacta. Nas palmas, contudo, percebi a presença da luz vermelho-clara do arcanjo. Tanto a dor quanto a luz permaneceram em minhas mãos por três dias.

Desde 1999, São Miguel tem marcado presença em alguns terços que dirijo. Além disso, sempre que sou atacado de alguma forma ou que me encontro envolvido em algum tipo de combate espiritual, o arcanjo guerreiro manda seus anjos me defenderem. Tornou-se, nesses anos, um grande amigo.

Certa vez, por volta dos 12 anos, fui a Miraí, cidade do interior de Minas Gerais, onde meu avô paterno tinha uma fazenda. Lá, vi um arcanjo com túnica marrom e verde que pairava sobre a mata atlântica que reinava na propriedade. Eu estava a cavalo, sozinho, e ouvi seu chamado:

– Pedro, aproxime-se.

– Não posso entrar na mata! Meu avô proibiu.

– Não precisa entrar na mata fechada. Pode ficar a poucos metros. Venha mais para perto, não tenha medo.

Obedeci, já que meu cavalo não se mostrou receoso.

– Quem é você? Percebo que é um arcanjo, mas nunca o vi.

– Sou Uriel.

– O que faz por aqui? Sabe que este lugar é do meu avô?

– Seu avô cuida muito bem do que é de Deus. Nada pertence a vocês, homens; são apenas administradores dos bens divinos. Seu avô é um bom administrador.

– Você é dono de alguma coisa por aqui? Os arcanjos têm bens na Terra?

– Não. Da mesma forma que vocês, homens, sou um administrador de Deus Pai. Os arcanjos são enviados de Deus ao mundo. Temos a função de manter a Terra em funcionamento e evolução.

– O que você administra, Uriel?

– As florestas, as matas, o solo e as montanhas que seus olhos podem ver. – Enquanto falava, o arcanjo gesticulava calmamente para a paisagem ao redor.

– Então você deve ser muito importante! Sua função só está ligada ao que meus olhos podem ver?

– Não. Eu e os anjos que trabalham comigo, sob meu comando, podemos ser invocados pelos humanos que não têm paciência e costumam ser tomados pela raiva nas mais diversas situações.

– Uriel, os arcanjos atuam, então, sobre as coisas materiais e o coração dos homens?

– Sim. Desejamos que os seres humanos tenham bons pensamentos e se dediquem ao que é agradável a Deus. Você já aprendeu sobre isso em suas aulas de catecismo no colégio.

– Ouvimos isso em todas as aulas de religião. Por que você resolveu aparecer para mim? Você parece ser alguém muito importante para Deus!

– Todos nós temos muita importância para Deus, Pedro. Você deve guardar no seu coração que nenhum bem da Terra pertence nem aos seres humanos nem aos anjos. Deve buscar cumprir a vontade de Deus na sua vida, cultivando bons sentimentos e pensamentos. Todos nós temos que cumprir nossos papéis, administrando com amor as coisas do Criador.

Com essas palavras, o arcanjo desapareceu na mata densa.

Aproximadamente dois anos depois, encontrei Uriel na casa que minha família tinha na Região dos Lagos do Rio de Janeiro. Minha mãe, Dulce, estava chateada porque uma goiabeira que ficava no jardim da propriedade não produzia frutos. Com a Bíblia na mão, ela foi até a árvore e leu em voz alta a seguinte passagem do Evangelho: "Jesus sentiu fome. Viu de longe uma figueira coberta de folhas e foi até lá ver se encontrava algum fruto. Quando chegou perto, encontrou somente folhas, pois não era tempo de figos. Então Jesus disse à figueira: 'Que ninguém mais coma de seus figos.' E os discípulos escutaram o que ele disse" (Marcos 11, 12-14).

– Mãe, o que está fazendo aí? Lendo a Bíblia para a goiabeira?! – perguntei, aproximando-me.

– Estou cansada desta árvore. Ela não está cumprindo com sua obrigação, que é dar frutos. Ou ela dá frutos imediatamente, ou vai secar.

– Ela pode estar com alguma praga... Pode estar doente, não?

– Não. Já olhei tudo, inclusive coloquei adubo novo. Está na hora dos frutos. Olhe o que diz o Evangelho depois: "Na manhã seguinte, Jesus e os discípulos, passando, viram a figueira, que tinha secado até à raiz." – Era a passagem de Marcos 11, 20.

– Não acredito, mãe! Você está secando a goiabeira, que está há tantos anos aí?!

– Ainda não estou secando nada. Estou dando um prazo para ela apresentar os frutos que sempre deu – respondeu ela, brava, e partiu em direção a casa.

Enquanto eu a observava, o arcanjo Uriel apareceu na altura das folhagens da goiabeira.

– Pedro, que as bênçãos do Todo-Poderoso venham sobre esta casa!

– Uriel! Quanto tempo...

Eu o reconheci de imediato: a roupa, a expressão facial e o gestual gentil eram os mesmos daquele dia na fazenda do meu avô.

– Avise à sua mãe que a goiabeira vai dar frutos. O clima da região, alterado pela ação humana, impediu sua produção. Dentro de 21 dias os frutos vão reaparecer.

– Obrigado, Uriel. Vou avisá-la!

Ele desapareceu instantaneamente. Dentro do prazo dado pelo ser angélico, as goiabas reapareceram nos galhos da árvore. Ainda hoje esse arcanjo tem estado muito presente em minha vida, me auxiliando, inclusive, durante as reuniões do terço.

Cada nação da Terra é regida e defendida por um arcanjo, que tem a função de ser seu anjo da guarda. Acredito que o Anjo de Portugal – que apareceu aos três pastorinhos em Fátima – fosse da hierarquia dos arcanjos. Para mim, não há dúvida de que se tratava do ser angélico responsável pela guarda da nação portuguesa. Em *Memórias da Irmã Lúcia*, tal anjo se identifica do seguinte modo: "Eu sou o anjo da sua guarda, o Anjo de Portugal."

É importante que os povos rezem na companhia de seus anjos da guarda, especialmente quando seus países se encontram ameaçados por guerra ou sofrendo por outra flagelação (catástrofes naturais, doenças, terrorismo, fome). Eles têm capacidade de apresentar ao Pai Celeste, com poder e autoridade, um pedido de misericórdia, encurtando o sofrimento e a dor em seus territórios.

5. Anjos

As criaturas do coro dos anjos estão ao meu redor desde que eu era criança. Sua luminosidade tem certa semelhança com a dos santos, apesar de ser mais intensa. Porém, seus olhos e cabelos são totalmente diferentes, pois parecem ser feitos de pura luz. Já os dos santos se assemelham aos nossos (claro que isso é modo de falar, pois almas não possuem corpo).

Na função de anjo da guarda, até hoje só identifiquei seres angélicos dos coros dos arcanjos e dos anjos, até porque, sem contar os principados, os demais seres angélicos não têm atuação de fato direta em nosso planeta. O usual é que os anjos da guarda sejam escolhidos por Deus dentro do coro dos anjos.

Eles são mensageiros que fazem a ponte entre nós e Deus Pai. Procuram nos motivar à adoração e nos inspirar a praticar atos de amor e paz. Trabalham entre nós para que alcancemos a harmonia, apesar de termos as mais diversas línguas e costumes.

Dependendo de sua missão na Terra, por determinação de Deus, uma pessoa pode ter a companhia de outros anjos que não o do guarda, especialistas em áreas básicas para sua atuação no mundo. Quem são essas criaturas? Como podemos denominá-las?

5.1. Anjos epistolares

Em todos os terços que dirijo, antes de iniciar o quinto mistério, falo com as pessoas para se concentrarem em entregar suas intenções ao Pai Celestial. Digo-lhes que devem fazê-lo pela intercessão da Virgem Maria e dos anjos que estão no local – o que inclui, claro, seus anjos da guarda.

As pessoas, então, fecham os olhos e, mentalmente, pedem aquilo de que precisam para suas vidas. Nesse instante, os anjos no recinto exibem cestos de luz dourada e começam a recolher os pedidos, que ganham formato de pequenas esferas de luz azul ao saírem das cabeças e dos corações dos fiéis. A cena é muito bonita, pois os anjos não perdem um pedido sequer!

Logo depois, iniciamos o Pai-Nosso e as Ave-Marias. Os seres angélicos rezam conosco e se colocam ao lado de Nossa Senhora, esperando sua partida para a Sala do Trono do Pai, de onde todas as graças vêm.

Os anjos da guarda também participam desse momento. Colocam as intenções de seus protegidos nos cestos dos demais anjos, mas não ficam perfilados junto à Virgem Maria. Fazem uma reverência à Rainha dos Anjos e, depois, retornam para o lado de quem protegem. Vendo que isso sempre se repetia, questionei I.:

– Você não vai junto com a Rainha dos Anjos? Não vai até a Sala do Trono do Pai levar meu pedido?

– Agora não.

– Por quê? Não é sua função interceder por mim? Apresentar meus pedidos a Deus?

– Claro que é.

– Então gostaria que você fosse junto com o cortejo de anjos, para garantir que meus pedidos cheguem às mãos de Deus Pai. Entendeu?

– Não é assim que funciona. Não irei, Pedro.

– Como funciona?

– Os anjos da corte celeste que acompanham a Rainha levam os pedidos ao Criador porque são especializados nesse tipo de serviço. Ela vai junto para realizar sua intercessão. Nós, anjos da guarda, ficamos ao lado dos nossos protegidos até o final da oração. Quando a reunião acabar, poderemos partir em direção ao Paraíso. Uma vez lá, vamos à Sala do Trono do Rei e, como sempre fazemos, pedimos pessoalmente ao Todo-Poderoso por aqueles que protegemos.

– Ah, gostei de saber! É bem melhor assim!

Costumo denominar os anjos que carregam os pedidos dos fiéis para a Sala do Trono do Pai de anjos epistolares. Além de estarem em todos os terços, costumam vir à minha casa quando os chamo para receber as intenções do povo. Muito diligentes, sempre estão à disposição para levar os pleitos das pessoas ao Senhor do Universo.

5.2. Anjos da guarda da família

Ao longo dos anos, observei ainda outra espécie de anjo, com a atuação específica de proteger o núcleo familiar. Sua principal função é zelar pela paz e harmonia dos membros de determinada família. Z., a senhora vidente que morava perto da minha casa, no Leblon, me perguntou quando eu era adolescente:

– Pedro, já viu o anjo da guarda da sua família?

– Quem?

– Quando for a algum casamento onde haja uma celebração religiosa, o sacramento do matrimônio, procure observar na hora da bênção. Veja como um anjo se aproximará do casal que vai trocar alianças.

– Tenho um casamento para ir em breve. Vou prestar mais atenção.

Já havia notado que o número de anjos presentes ao sacramento do matrimônio varia de acordo com a fé e vida religiosa do noivo e da noiva. Nos últimos casamentos em que estive, eram muito poucos os anjos presentes. Naquele ano, decidi prestar atenção no que Z. me dissera: se apareceria um anjo da guarda da família para os nubentes. Realmente a vidente tinha toda a razão.

No momento do juramento e da troca das alianças, surgiu um anjo, que não era o guardião de nenhum dos noivos, esperando para se aproximar deles. Ao final da cerimônia, o anjo da guarda da família impôs as mãos sobre os recém-casados a fim de abençoá-los.

Para a celebração da minha cerimônia religiosa, escolhi o dia 29 de setembro, data em que a Igreja Católica comemora os Santos Arcanjos Miguel, Gabriel e Rafael. Nessa ocasião, Deus também nos designou um anjo guardião da família que ora se formava.

Ele tem o aspecto similar a I. (apesar de ser do coro dos anjos), mas se veste de modo diverso: usa uma túnica dourada, com detalhes vermelhos nas mangas e na gola. Está sempre descalço e tem os cabelos de ouro, mais compridos do que os de I. Tem o hábito de ficar parado na sala do meu apartamento, observando, em silêncio, o movimento das pessoas.

Todas as noites, quando me levanto para levar meu filho pequeno ao banheiro ou ir à cozinha beber água, encontro sua luminosidade dourada por toda a casa. É impressionante a presença dele em nossas vidas!

Sempre que rezo com minha esposa, o anjo da guarda da família nos acompanha, além de nossos guardiões. É automático: basta nos sentarmos na sala, com os terços nas mãos, que ele surge. Somos tão íntimos que nem preciso chamá-lo. Quando há discussões, o mesmo ocorre: o ser angélico se posta na porta de casa a nos observar e lança sua luz dourada sobre todos os cômodos do apartamento.

Quando percebo algum tipo de ataque espiritual em meu lar, chamo I. para me acompanhar na oração de combate. Além dele, convoco também os anjos ministeriais que me cercam (dos quais falo no item seguinte), assim como o guardião da família e São Miguel. Todos em conjunto, com suas especialidades, me auxiliam na tarefa.

Infelizmente, são poucas as casas onde encontro o anjo da guarda da família. A razão é simples: as pessoas desconhecem sua existência e presença. Talvez por isso não cultivem sua amizade nem peçam seu auxílio. Ele cai em esquecimento e, algum tempo depois, compreende que seus serviços não são bem-vindos ou necessários naquele lar e parte para o coro de onde veio, para trabalhar em suas outras funções.

5.3. Anjos ministeriais

Especialmente durante as missas, observei que o sacerdote celebrante costuma ser assistido por um anjo além do guardião. Essa criatura o ajuda no decoro da celebração. Trata-se do anjo ministerial. Ele costuma ser designado por Deus ao homem no momento em que ele recebe o sacramento da ordem, ou seja, se torna oficialmente padre, para o auxiliar em sua missão religiosa.

Meu diretor espiritual tem um anjo da guarda que trabalha com os anjos guerreiros de São Miguel. Todavia, não é o único que o acompanha: existe outra criatura angélica, que está ao seu lado há quarenta anos, desde que se ordenou.

Nas vezes em que estivemos juntos, em retiro espiritual no bosque de Valinhos, notei que outro anjo se posicionava ao seu lado, segurando uma lamparina, logo ao iniciarmos nossa oração. Tal ser puxava os cânticos, na língua dos anjos, e nos auxiliava com as orações do dia. Questionado por mim, ele se identificou como protetor da missão sacerdotal do frade.

Além da função de louvor a Deus, o anjo ministerial ajuda seu protegido nos afazeres, como no aconselhamento (durante a confissão) e demais sacramentos. Se o sacerdote tiver intimidade com ele, esse anjo o acompanhará e lhe inspirará palavras de sabedoria e poder em todas as missas que celebrar, além de castidade, santidade e aprofundamento na oração pessoal.

Classifico como anjos ministeriais as criaturas angélicas que também se apresentam ao lado de certos homens espiritualizados que não são padres mas detêm missões espirituais relevantes mundo afora. Z., a mulher de dons místicos exemplares de quem já falei, tinha um anjo ministerial que sempre lhe sugeria músicas e passagens da Bíblia durante as reuniões de oração em sua casa ou em outros lugares.

Dependendo da função que a pessoa exerça, Deus pode lhe designar mais de um anjo ministerial. Nas orações do terço que dirijo, além de I., costumam me auxiliar quatro anjos, cada um da equipe de um arcanjo – Miguel, Rafael, Uriel e Gabriel. Eles têm um nome próprio e uma atuação especial distinta.

Por fim, cabe deixar claro que os anjos ministeriais que me acompanham não se confundem com os anjos epistolares, com o anjo da guarda de minha família nem com I. Cada qual tem sua função muito bem delimitada pelo Pai Celestial, exercendo seu serviço em perfeita harmonia com os demais. A seguir, examino especificamente os anjos da guarda.

IV

A atuação do anjo da guarda

*D*eus coloca um anjo da guarda ao lado de cada pessoa para que ela recorra ao seu auxílio durante a vida inteira. A afirmação parece ser muito genérica, e é! A razão é simples: os anjos da guarda estão conosco para nos ajudar em todos os momentos, diante das situações que se apresentarem. Pode-se contar com seu socorro em assuntos relacionados à segurança física e espiritual, à saúde mental, afetiva ou espiritual.

Através de sua ação no plano visível ou invisível, essa categoria de anjos costuma iluminar e guiar seus protegidos, apresentando-lhes boas ideias, aplainando seus caminhos, inspirando-lhes pensamentos positivos, intuições diversas e atitudes de sabedoria e discernimento – aspectos fundamentais para que cada um enfrente dignamente as dificuldades do viver.

O ponto primordial da missão do anjo guardião é conduzir seus protegidos por trilhas até a vida eterna. O mais importante é providenciar para que eles recebam a luz divina e a aproveitem com eficiência para que, ao final do percurso terreno, obtenham a salvação.

Certa vez, há alguns anos, eu, frei Juan Antonio, Otto e Alexandre fizemos um retiro espiritual em Fátima. Enquanto rezávamos no bosque de Valinhos com nossos anjos da guarda e outros seres angélicos, I. me pegou de surpresa ao dizer em tom de urgente:

– Pedro, vocês devem olhar diretamente para o sol.

– Impossível! São onze da manhã e a claridade está muito intensa.

– Vocês devem olhar diretamente para o sol. Deus vai se mostrar lá.

– Atenção! – chamei todos os meus companheiros para perto. – Meu anjo da guarda disse que o Senhor vai se mostrar no sol. Vai haver alguma espécie de milagre no céu.

– No tempo da aparição de Nossa Senhora aqui, houve um milagre do sol. Tornou-se famoso, até saiu a notícia no jornal local – lembrou o frade.

– Vamos olhar! – exclamou Otto.

Assim o fizemos. De modo impressionante, o brilho do sol sumiu. Podíamos ver a bola de luz acima sem nenhum tipo de incômodo para os olhos. Poucos segundos depois, o sol se transformou em uma eucaristia luminosa! Lá estava Deus, personificado no pão divino. A imagem era belíssima. Ficamos encantados com o espetáculo que nosso Salvador nos dava.

O milagre não parou por aí. Em um primeiro momento, a hóstia estava sozinha no céu. Não havia nuvens por perto. De repente, ela começou a sangrar, espalhando a coloração vermelha. Era extraordinário: o céu azul se tornou escarlate, com a hóstia no meio!

Para nossos anjos da guarda, pouco importava se estávamos extasiados vendo aquele lindo milagre. A mensagem que deveríamos aprender era clara: Deus estava vivo no meio de nós e se doava todos os dias com seu corpo e sangue na comunhão. Aquele sinal místico indicava o caminho que deveríamos seguir: adorar o Deus vivo, em corpo e sangue, na hóstia consagrada.

Deve ficar claro para os leitores o fato de que o anjo da guarda pode guiar seu protegido nos mínimos detalhes quando se estabelece amizade e intimidade entre os dois. Cada ato da pessoa em prol da evolução espiritual é comemorado pelo guardião.

Em uma tarde de sábado, em São Paulo, iniciei o grupo de orações com tal explicação. Ao final do encontro, uma mulher veio até mim.

– Pedro, posso dizer que a grande missão do anjo da guarda é fazer com que seu protegido seja salvo e vá para o Paraíso?

– Sim. Isso é o que Deus mais deseja e, como os anjos são seus mensageiros fiéis, buscam o mesmo. – Notei que ela permanecia quieta e decidi prosseguir: – Seu anjo da guarda atua para que você se empenhe, acima de tudo, na salvação da sua alma. Traduzindo: tudo o que ele quer é que você obtenha a vida eterna.

– Então tem muito anjo da guarda incompetente no mundo! – retrucou ela, pegando-me de surpresa.

– Não diga uma coisa dessas! Os anjos são extremamente competentes, criaturas muito disciplinadas, e dão tudo de si para cumprir a missão que lhes foi confiada.

Ao meu lado, logo percebi o olhar severo de I.

– Olha, Pedro, sei que tem muita alma no inferno. Basta ver os políticos do nosso país! E os criminosos que tiram vidas? Essas pessoas não vão para o Céu, tenho certeza! Mas, segundo você, esses homens e mulheres também têm um anjo da guarda, não é? – continuou ela.

– Claro que têm.

Sem retirar os olhos de mim, I. continuava esperando por um desempenho melhor de minha parte. Sutilmente, balançou a cabeça, reprovando-me.

– Se eles têm anjos da guarda tão competentes como você diz, por que não conseguem ganhar a vida eterna no Paraíso? – insistiu ela.

– Em primeiro lugar, não sabemos, com segurança, se essas pessoas irão mesmo para o inferno. Mas vamos admitir que sim. Os anjos da guarda são mensageiros do Pai Eterno, certo? – Ela assentiu, então continuei: – Eles estão no mundo para comunicar e respeitar a vontade do Criador. Ora, sabemos que Deus deu livre-arbítrio aos homens. Qual a consequência disso? Os anjos são obrigados a respeitar nossas escolhas, sejam elas boas ou más.

Meu anjo gostou da resposta, pois seu olhar se abrandou.

– Que pena... – Ela não apreciou minha explicação. – Acho que Deus deveria ter dado mais poder para seus anjos e menos liberdade para nós. Deveria permitir que eles nos corrigissem com firmeza, castigando os que saem do caminho dele, por exemplo. O mundo seria um lugar melhor, Pedro! – Ela não iria mesmo mudar de opinião.

– Podemos ter diversas opiniões a respeito da obra de Deus e de seu agir. Mas isso não muda o fato de os anjos da guarda respeitarem nosso livre-arbítrio. Essa é a lei divina. Ela é imutável. Então, se uma pessoa desiste do Pai Eterno e ruma pelo mau caminho, terá uma péssima surpresa no dia da morte ou até antes, aqui na terra. Aí está sua pena.

Não tenha dúvida de que pagará por sua escolha. Ninguém escapa ao julgamento divino. O anjo da guarda dela ficará muito triste, porém não poderá fazer mais nada para auxiliá-la.

Em geral, o trabalho do anjo da guarda é diário, mas não significa que ele passará cem por cento do tempo ao lado do protegido. O meu costuma checar como estou diariamente pela manhã. Não me recordo de passar nenhum dia sem vê-lo. Às vezes, no entanto, temos um contato muito breve, o tempo de uma pequena oração. Isso ocorre quando ele tem outros afazeres no mundo espiritual.

Os leitores devem estar se perguntando: meu anjo da guarda não fica 24 horas ao meu lado? Não! Os anjos da guarda pertencem aos coros celestes, logo têm atividades que lhes são próprias. Traduzindo: todos os seres angélicos, sejam guardiões ou não, devem trabalhar no mundo espiritual. Os designados para exercer a função de anjo da guarda têm por prioridade guiar e defender seus protegidos, mas não deixam os outros afazeres.

Até os guardiões de grandes santos não ficavam o tempo todo ao seu lado, mesmo que eles sofressem terríveis ataques do maligno. O grande Santo Padre Pio, por exemplo, por vezes ficava chateado ao constatar que o anjo da guarda não o acompanhava e, assim que o ser angélico lhe aparecia, dava-lhe uma bronca.

Essa passagem da vida de São Pio, aliás, demonstra a intimidade entre os dois. Que liberdade tinha para falar o que bem quisesse! Realmente, o amor entre ambos era muito especial. Devemos nos espelhar nele e procurar cultivar a intimidade com nossos anjos da guarda.

1. Buscar graças

Quando comecei a conduzir o grupo de orações do terço, passando pelas mais diversas cidades brasileiras, percebi que pouca gente chegava acompanhada do anjo guardião. Aquilo me incomodava muito. Em meu íntimo, pensava: "Deus dá um enorme presente ao seu povo, mas ele não quer usá-lo ou nem sabe que existe!" Precisava fazer algo a respeito.

Encontrei uma boa solução em certa passagem da vida do Santo Padre Pio. Frei Alessio Parente, um dos biógrafos do santo, narra que muita gente queria participar de suas missas e encontros de oração. Infelizmente, para um grande número de pessoas, isso não era viável: moravam longe ou estavam impossibilitadas, por motivos físicos ou financeiros, de comparecer ao convento capuchinho do santo. Para elas, São Pio dava o seguinte conselho: "Mandem-me seus anjos da guarda."

Então, seguindo essa sábia diretriz, adotei o seguinte procedimento: na semana anterior à realização do terço, postava na minha página do Facebook um texto convidando todos a colocarem suas intenções, pedindo aos que não podiam comparecer que mandassem seus anjos da guarda na hora e local da reunião. Assim, eles poderiam colher as graças ali derramadas para seus protegidos. Ao iniciar o grupo, lembrava às pessoas que estavam presentes que avisassem seus amigos e familiares sobre a possibilidade de aproveitar as bênçãos dali através do envio dos anjos. O resultado foi ótimo!

Desde o início do encontro, eu e os fiéis no local clamávamos pela presença de seus anjos da guarda. O objetivo era reatar a amizade entre os que estavam ali e seus respectivos protetores. Até hoje não deixo de adotar tal estratégia, que tem gerado bons frutos. A grande maioria das pessoas passou a gozar da companhia do ser angélico.

Quando estou preocupado com alguém, rezo para que seu anjo da guarda apareça e me dê notícias do que se está passando. Procuro também mandar que I. lhe preste auxílio na companhia do guardião da pessoa e, depois, que me dê alguma informação.

Muitas vezes, por saber que os anjos têm habilidades específicas nos mais diversos campos, peço a I. que vá ao Paraíso e, lá, busque anjos apropriados para solucionar os problemas dos que me pedem orações. Aprendi a tomar tal medida ao observar o que se passava durante os terços.

– I., quem são esses anjos de túnica verde que o estão acompanhando aqui? – perguntei em uma tarde de sábado, durante um terço no Santuário da Mãe dos Aflitos, em São Paulo.

– São anjos de cura. Estão aqui para ajudar você.

– Pensei em fazer um terço mais voltado para o louvor...

– Não. Hoje o terço será de cura, Pedro.

– Tudo bem. O que devo fazer com esses anjos, I.?

– No terceiro mistério, cante uma música que tenha a letra voltada para a cura. Nós vamos descer no meio da multidão e faremos nosso trabalho. Você só precisa se preocupar em cantá-la e estimular as pessoas a permanecerem concentradas.

Em outra reunião, I. apareceu com um grupo de anjos que trajavam túnicas vermelhas.

– I., quem são esses anjos?

– Pertencem ao exército de São Miguel. Vieram para ajudar na libertação do povo.

– Imagino que queira que cante uma música de libertação no terceiro mistério.

– Exatamente. Fico feliz que tenha aprendido a trabalhar em conjunto conosco.

Nas mais diversas tarefas que enfrento, peço a I. que me ajude e, se possível, que venha acompanhado por anjos especialistas na matéria. Essa providência me tem sido de grande valia. Os obstáculos parecem ficar menores e o caminho, mais suave.

2. Proteção física

Uma das tarefas de destaque desenvolvida por um anjo da guarda é a proteção física de seu assistido. Uma senhora, E., escreveu um belo testemunho sobre isso em meu Facebook. Ela narrou que, em dezembro de 2009, estava visitando determinada comunidade com a irmã, o cunhado e a filha.

Em meio a muita chuva, o cunhado de E. seguiu em direção a uma ponte de tábuas para chegar ao local desejado, mas ela teve uma intuição ruim e pediu que ele não fizesse isso. O cunhado a ignorou. A ponte ruiu e todos caíram dentro do rio que passava por baixo. Ao perceber que estava se afogando, E. clamou por Jesus e Maria. Olhou para o céu e viu asas enormes sobre suas cabeças. Com espanto, deu-se conta de que elas empurravam os quatro para a margem do rio. Graças àquelas asas misteriosas, eles foram salvos. E. não teve nenhuma dúvida de que seu anjo da guarda os salvara.

Certa vez, fui questionado por um colega de trabalho, A.:

– Pedro, tenho dúvidas sobre a suposta proteção que um anjo da guarda dá a uma pessoa.

– Por quê? Na sua igreja não há crença nos anjos da guarda?

– O pastor não nos fala muito deles, mas há hinos que falam sobre... – respondeu-me A., em dúvida.

– O que você acha? Você tem ou não um anjo da guarda?

– Como resposta, prefiro lhe contar uma história que aconteceu com um homem que frequentava a minha igreja.

– Tudo bem.

– O homem comparecia a todas as reuniões e cultos lá da igreja. Um dia, estava chovendo forte na região. Todos o aconselharam a esperar a chuva passar, mas ele insistiu que deveria chegar logo em casa, que tinha coisas a resolver. Partiu em seu carro velho no meio do temporal. Aproximadamente meia hora depois, o telefone da igreja tocou. A expressão do pastor revelava que algo de ruim havia ocorrido. Ele disse que o homem se envolvera em um acidente na via alagada e morrera.

– A., a história é realmente triste.

– Pois é, Pedro. Por isso lhe pergunto: o homem tinha um anjo da guarda?

– Todos nós temos.

– Então por que o anjo deixou um crente, um homem que sempre louvava a Deus, morrer depois de uma noite de culto? Ele não deveria ter protegido o meu irmão de oração?

– Posso lhe responder com perguntas, A.?

– Pode.

– Seu irmão de oração que faleceu no acidente costumava rezar pedindo a proteção do anjo da guarda? Procurava se comunicar com ele todos os dias? Acreditava que tinha um anjo da guarda?

– Acho que não... – respondeu ele, fitando o céu azul.

– Como poderia esperar que o anjo da guarda o protegesse se não dirigia a ele uma palavra sequer?

– Não sei. Mas, ainda assim, se o tal anjo da guarda existisse, teria tomado alguma providência.

– Mas ele tomou uma providência: procurou avisá-lo do perigo que sua vida corria naquela noite.

– Claro que não, Pedro! Se isso tivesse acontecido, o homem jamais teria saído na tempestade.

– Posso lhe garantir que sim.

– Como?

– Através das pessoas da sua igreja. Todos insistiram para que o homem não saísse. Infelizmente, ele ignorou o aviso. Era o anjo da guarda falando através dos seus irmãos.

Lembro-me também de um relato interessante sobre proteção dos anjos. Após o terço do dia 9 de abril de 2016 em Franca (SP), o padre Dalmácio, fundador da Comunidade Hodie – onde o evento de oração havia se realizado –, me contou uma história. Na década de 1930, seu tio-avô se envolvera em uma disputa de terra entre os municípios de Claraval (MG) e Franca. Os homens que estavam em contenda com ele decidiram armar uma tocaia para matá-lo.

O tio-avô do padre era um homem muito religioso e ia todo domingo à missa sozinho, a cavalo. Era muito amigo do pároco da igreja que frequentava, a ponto de este esperar sua chegada para dar início à celebração dominical.

Seus inimigos sabiam de tudo. Num domingo, armados de espingardas, os homens se esconderam atrás de um monte, em certa curva da estrada. Podiam avistar a chegada do tio-avô do padre, mas ele não teria como vê-los. Seria presa fácil.

Assim que o tio-avô se aproximou, os homens fizeram pontaria, esperando o momento certo para disparar. Para sua surpresa, surgiu outro cavaleiro ao lado da vítima. Sem entender o que havia ocorrido, os homens desistiram da tocaia, em razão da presença de um "segurança" inesperado. Tão logo o tio-avô fez a curva e despontou na reta, longe do alcance das espingardas, o cavaleiro que o guardava desapareceu. Seus inimigos ficaram ainda mais perplexos.

Essa situação se repetiu em outras oportunidades. Resultado: os homens desistiram de matar o tio-avô, dizendo que havia algo muito estranho com ele, pois tinha uma proteção que não sabiam explicar de onde vinha. Para o padre Dalmácio e para mim, não há dúvidas de que se tratava do anjo da guarda, que se materializava na forma de um imponente cavaleiro, visível aos olhos de seus inimigos!

A proteção oferecida pelo anjo da guarda pode se dar também de modo mais simples do que o narrado. Um exemplo esclarecedor ocorreu com meu amigo Otto – tenho certeza de que muitos leitores íntimos de seus guardiões já passaram por isso.

Em uma terça-feira, pela manhã, Otto saiu de seu prédio para trabalhar. Era uma manhã chuvosa no Rio de Janeiro. Ao pisar na calçada, sentiu que algo de ruim aconteceria. Seu coração ficou muito apertado. Procurou pelo perigo e o encontrou: um homem forte e mal-encarado o observava, montado em uma bicicleta. Em sua mente, Otto recebeu um comando sobrenatural para retornar a casa e aguardar por alguns minutos antes de ir para o trabalho, mas desobedeceu.

Às pressas, Otto partiu em direção ao trabalho. O homem da bicicleta, por sua vez, deu a volta no quarteirão, sempre o observando. Imediatamente, meu amigo teve certeza de que estava sendo perseguido e seria assaltado. Procurou uma loja para se abrigar. Já dentro do estabelecimento, viu pela porta de vidro o ciclista passar. Ele sabia que meu amigo estava escondido ali.

Àquela altura, Otto já estava a dois quarteirões do trabalho e decidiu arriscar. Da porta da loja, ficou de olho no sinal de trânsito que deveria atravessar. Quando já estava para fechar aos pedestres, Otto atravessou a rua correndo. O homem da bicicleta, que o esperava no semáforo, tentou dar o bote. Antes de ser alcançado, porém, meu amigo conseguiu entrar na galeria onde trabalha. Dando de cara com o segurança do local, avisou-o sobre o marginal. Logo o guarda saiu do complexo de lojas e avistou o sujeito. Quando o bandido percebeu que havia sido desmascarado, tomou outro rumo.

Ao ouvir a história por telefone, perguntei a Otto:

– Quando você recebeu o aviso divino, por que não obedeceu e voltou para casa?

– Sabe como sou teimoso. Além disso, tinha que chegar logo ao trabalho. Mas foi um erro.

– Você logo percebeu o erro?

– Sim, na hora em que o sujeito da bicicleta deu a volta no quarteirão e começou a se aproximar. Meti a mão no bolso e, segurando meu terço, comecei a rezar. Pedi ajuda de São Miguel, São Bento, Santo Padre Pio e do meu anjo da guarda.

– Time de peso, não é? Sabe de quem era a voz que lhe dizia no coração para voltar para casa naquela hora de perigo?

– Imagino que tenha sido Deus.

– Foi seu anjo da guarda. Ele tem se aproximado de você, falado em seus sonhos. E agora, enquanto você estava acordado e correndo perigo, lhe deu uma mensagem bem clara, para que evitasse o ataque que aconteceria.

– Verdade. Depois que cheguei ao trabalho, agradeci aos meus santos e ao meu anjo da guarda. Sabia que eles tinham me livrado do perigo – disse ele, e deu uma gargalhada.

Se você quer gozar da proteção do anjo da guarda, em primeiro lugar tem que crer em sua existência. Além disso, deve cultivar a amizade que existe entre ambos desde seu nascimento. Por outro lado, se você passa a ignorar a presença dele, decide não lhe falar mais ou lhe dirigir pensamentos, qual será o resultado? Ele se afastará. Não é de sua natureza impor a presença ou amizade ao protegido. Se você não o quer ou assume que ele é mera fantasia, o anjo da guarda parte para a Pátria Celeste e se ocupa de outras funções.

Porém, aquele que alimenta com amor e dedicação a amizade com o guardião terá proteção especial. Não se arrependerá de seus esforços, que serão premiados com os mais belos frutos materiais e espirituais.

3. Proteção espiritual

Alguns não acreditam na existência de demônios ou espíritos malignos. Pensam que as referências bíblicas ao diabo são simbólicas. Não é verdade. Durante minha caminhada, enfrentei seres demoníacos de diversas formas. Em todos os combates espirituais, se I. não estivesse ao meu lado, eu teria enfrentado sérios problemas.

Há poucos anos, em Belém, tive uma experiência curiosa com criaturas demoníacas. Preparava-me para rezar o terço com um grande número de pessoas, entre as quais um grupo de adolescentes. Não sei precisar quantos eram, talvez vinte. Frei Juan Antonio estava presente à reunião e iniciou as orações. Quando entoou cânticos na língua dos anjos, seis moças de cerca de 16 anos começaram a se sentir mal. Elas ficaram agressivas, os semblantes se transformaram, bem como as vozes. Atacaram pessoas que estavam próximas e houve tumulto.

Para contornar a situação, eu e o frei fomos em direção ao grupo. Com auxílio de alguns rapazes, que pertenciam à paróquia do frade, conseguimos retirá-las do recinto e levá--las para um corredor que desembocava em três salas, todas apartadas do local da oração.

De repente, as meninas empacaram, recusando-se a ir adiante. Berravam toda sorte de palavrões, gritavam e apontavam na direção de uma sala, dizendo que ali estava o inimigo.

– Menino, o que tem ali dentro? – perguntou frei Juan Antonio para um dos rapazes que tentavam segurar uma das moças em fúria.

– Frei, é uma sala de reuniões.

– Espere, vou lá ver.

O frade deixou o grupo e abriu a porta. Nesse momento, as meninas se debateram com mais força e começaram a levar vantagem sobre os garotos que procuravam imobilizá-las.

– *Hombre*! Tragam todas para cá. Tem um crucifixo de madeira muito grande, nem daria para carregar. Vou fazer o exorcismo aqui mesmo.

Os rapazes tentaram, com todas as forças, arrastá-las para a sala do crucifixo. No entanto, elas jogaram os garotos no chão. Diante daquela situação inusitada, o frade decidiu que faria o exorcismo ali no corredor.

Pediu para uma das mulheres que assistiam ao embate que lhe trouxesse um crucifixo. Um minuto depois, uma amiga dela lhe entregou um crucifixo menor, de madeira, com a medalha de São Bento na parte da frente. Frei Juan Antonio benzeu rapidamente o objeto religioso, paramentou-se e iniciou o rito do exorcismo.

De imediato, três meninas desabaram, debatendo-se de tal forma que aparentavam estar levando um choque. O frei aproveitou que estavam atordoadas e jogou sobre elas a água benta. Gritaram bastante e, após um breve momento, silenciaram. Deitadas de costas, com as mãos em repouso ao lado do corpo, pareciam dormir. Aproximadamente dois minutos depois, sentaram-se. Com o olhar perdido, lívidas, não entendiam o que se tinha passado nem sabiam onde estavam. Confusas, foram acolhidas pela equipe de oração, que as retirou do corredor.

Frei Juan Antonio continuou o combate espiritual contra os demônios que atormentavam as outras três adolescentes. Apesar da enorme resistência das criaturas malignas, duas garotas foram libertadas. Restou apenas a de maior estatura e força. Ela fazia parte do grupo jovem da igreja, que frequentava a paróquia do sacerdote. Ele a conhecia e estava preocupado por não ter libertado a moça depois de cerca de duas horas de enfrentamento.

Para piorar a situação, quando dois rapazes mais fortes se aproximaram para levá-la para dentro da sala do crucifixo, ela os atacou com um chute frontal. Eles se esquivaram com enorme agilidade. A moça acabou acertando violentamente a parede do corredor, abrindo um buraco nela!

Quando os meninos viram isso, correram para a porta, avisando que não participariam mais do evento espiritual. Estavam com muito medo. Um deles estava apavorado, com os lábios brancos e os olhos arregalados. Suas mãos tremiam ao segurar um terço de madeira.

– Frei, seu anjo da guarda está todo de vermelho – falei ao sacerdote. – Está a postos para solucionar a questão. O meu também está presente, de verde. Acabou de me dizer que seria melhor deixarmos os rapazes fora disso, pois estão com muito medo da moça. Vamos deixá-los ir?

Os garotos estavam cochichando entre si, preocupados com a hipótese de o demônio agredir o padre.

– Então, frei, deixamos os meninos saírem? Já contribuíram bastante. Mantê-los aqui não trará nenhum benefício – insisti, pensando no trauma que aquela situação poderia causar aos rapazes.

– Pedro, não queremos mais ficar aqui. Desculpe, mas ela quebrou a parede com o chute! – exclamou um deles, a voz trêmula.

– Não tem problema, *chiquitos*, podem ir! – interveio frei Juan Antonio.

Os garotos bateram em retirada rapidamente.

Com a mão direita, o frade chamou três mulheres que tinham bastante experiência em combates espirituais e faziam parte da equipe de intercessão de sua paróquia. Pediu que rezassem sem parar pela libertação da moça. Disse a elas que não deixassem o local até que a menina estivesse livre do demônio. Embora assustadas, obedeceram.

Para afrontar a criatura e demonstrar que não tínhamos medo, sentei-me no chão em frente à moça. Incrédula, ela gesticulava com ferocidade e esbravejava contra mim toda sorte de ameaças, com uma voz masculina gutural. Algumas pessoas apavoradas que observavam o combate a distância correram dali.

– Menina, aproxime-se de mim agora. Não tenha medo – pediu o frade.

Ela não se moveu.

– Tem certeza do que está fazendo, Pedro? Ela está ficando mais raivosa. Levante daí, *chaval*!

– Confie no que estou fazendo, frei. Ela não pode fazer nada contra mim. Meu anjo está aqui, com mais quatro, que trabalham com São Miguel Arcanjo. Vai dar tudo certo, pode acreditar!

Desde que a situação se complicara, tinha tomado uma providência: chamar I. e lhe pedir que fosse buscar ajuda no coro de São Miguel, pois a briga com o espírito maligno estava muito dura.

Os olhos humanos não podiam ver que eu me encontrava rodeado de anjos. Na minha frente estava I., que me garantiu que a moça não se aproximaria mais de 2 metros – o que, de fato, ocorreu. A menina continuava a xingar, mas não conseguia chegar mais perto. Eu permanecia sentado.

– Frei, o espírito maligno nada pode fazer contra os anjos que estão aqui. Aliás, você tem a mesma proteção. Agora é o melhor momento para expulsá-lo.

O sacerdote ordenou ao demônio que se pusesse de joelhos diante da cruz. A moça obedeceu. Ele mandou que se calasse, e ela assim o fez. Então o frade se virou na minha direção, cheio de confiança.

– Pedro, vá participar das orações com o povo. Isto aqui já está bem encaminhado. Em pouco tempo ela estará bem.

– Tem certeza de que não precisa de mim aqui?

– Não preciso. Mas o povo está esperando por você. Vá lá, cumpra a sua tarefa, que eu vou cumprir a minha.

Ao encerrar as orações naquela noite, vi a menina tranquila e serena ao lado das pessoas de seu grupo, rezando. O espírito maligno havia desaparecido. O exorcismo fora um sucesso. Os anjos guerreiros permaneceram o tempo todo ao lado do frei Juan Antonio e de seu guardião.

Quando noto a presença de um espírito maligno em casa (quem tem uma missão espiritual sabe que, infelizmente, é inevitável sofrer tais ataques), chamo I. de imediato e peço que traga reforços, dentre os anjos guerreiros de São Miguel, para banir o inimigo. Até hoje, essa estratégia nunca falhou.

Ao final do terço que dirigi em Goiânia em maio de 2016, uma senhora me relatou algo curioso.

– Pedro, todos os dias chamo meu anjo da guarda.

– Ele aparece? A senhora consegue senti-lo próximo? Como é sua experiência com ele?

Eu sempre aproveito o contato com o povo para saber como lidam com seus anjos da guarda. Há muita sabedoria nas pessoas simples que têm fé.

– Sim, eu o sinto muito bem. Sei que ele vem para perto de mim quando rezo e o chamo. Mas, outro dia, aconteceu uma coisa interessante, que nunca mais se repetiu.

– Gostaria que a senhora me contasse o que houve.

– Pedro, estava rezando um dia lá em casa. Fechei meus olhos e pedi, com muita vontade, que meu anjo da guarda se manifestasse. Queria ver sua face. No meio da oração, não sei as palavras que usei, pedi a Deus que me mostrasse esse soldado que me protegia há tantos anos.

– Interessante a senhora referir-se a seu anjo da guarda como um soldado. É isso mesmo que ele é.

– Sim, mas não imaginei que ele fosse aparecer vestido como um soldado, Pedro!

– Como? O anjo apareceu vestido de soldado para a senhora?!

– Isso! Veja bem, eu estava de olhos fechados e a imagem dele se formou na minha mente. Não sei explicar como aconteceu... Quando o examinei melhor, percebi que tinha um rosto resplandecente, lindo, e estava vestido com a farda camuflada do Exército! O que será que houve comigo, Pedro? Depois daquele dia, nunca mais o vi...

– Gostei muito da sua experiência! O anjo quis lhe aparecer dessa forma para que a senhora não tivesse nenhuma dúvida de quem era: seu soldado protetor!

Já contei aos meus leitores sobre Z., uma mulher de grande santidade que me ajudou muito com meus dons na minha juventude. No início dos anos 1990, um caso relacionado a ela me trouxe importante lição sobre a forma como atuam os anjos guardiões em defesa de seus protegidos.

Eu estava com 20 anos e um dia, pela manhã, caminhava sozinho por uma rua do Leblon, no Rio de Janeiro, em direção ao prédio em que morava. Quando olhei para o outro lado da calçada, avistei Z. em vestes brilhantes, parada a me olhar. Tomei um susto. Primeiro, por tê-la visto em meio àquela luz incrível; depois, por saber que naquela semana ela estava com a família em João Pessoa. Quem era aquela criatura, então?

Intrigado, decidi atravessar a rua para examiná-la mais de perto. Assim que me movi, a luz se intensificou e ela assumiu outra forma: um anjo que trajava vestes brancas com detalhes azuis nas mangas e na gola. Imediatamente o reconheci: era o anjo da guarda de Z., que tantas vezes tinha visto ao seu lado durante nossas orações em sua residência. Assim que cheguei em casa, comentei o fato com minha mãe. Ela, então, decidiu ligar para João Pessoa e falar com a própria Z.

– Como pode? O que isso quer dizer? Por que um anjo assumiu sua forma, Z.?

De repente, minha mãe parou de falar e disse que Z. queria conversar comigo. Peguei o telefone.

– Meu filho, durante sua vida, essa mesma situação que acabou de vivenciar hoje vai lhe acontecer diversas vezes.

– Que coisa mais estranha, Z., nunca tinha ouvido falar de algo assim. Você já experimentou isso antes?

– Muitas vezes. Aliás, toda semana me acontece. Normalmente são os anjos da guarda de sacerdotes, que vêm pedir oração para seus protegidos, assumindo a forma deles – afirmou ela, tranquila. – Esteja sempre preparado. Por causa da sua missão, anjos da guarda vão lhe aparecer, várias vezes na forma de quem protegem, para que você entenda por quem deve interceder.

A profecia de Z. se mostrou exata. Perdi as contas de quantas vezes a situação aconteceu comigo. No final de 2014, por exemplo, fui conduzir um terço em Belém. A Catedral da Sé estava lotada naquela manhã de domingo. Enquanto afinava o violão para dar início à oração, vi uma senhora que costuma comparecer aos meus terços em diversas cidades do Brasil. Quando a avistei, ela juntou as mãos e me pediu que eu rezasse por ela apenas articulando as palavras. Aquiesci. Em fevereiro de 2015, fui dirigir o terço na Igreja de Nossa Senhora Aparecida, em Manaus. Ao fim da reunião, aquela mesma senhora veio falar comigo:

– Pedro, que bom reencontrá-lo depois de tanto tempo.

– Mas não tem tanto tempo assim. Estivemos rezando juntos em Belém, há três meses, não foi?

– Não. Não pude comparecer, pois estava cuidando de meu marido doente. As coisas estavam muito graves lá em casa.

– Não é possível.

– Por quê, Pedro?

– Lembro-me que estava afinando o violão quando você me pediu oração...

– Não era eu.

– Era, sim. Não tenho dúvida.

– Estou lhe dizendo: fiquei em Manaus para cuidar do meu marido. O que fiz foi pedir ao meu anjo da guarda que comparecesse ao terço para coletar bênçãos para mim e, se possível, que falasse com você para rezar pela minha situação.

Espantados, nos encaramos por um tempo em silêncio.

– Já entendi. Seu anjo da guarda realmente compareceu.

– Mas ele pode ter assumido minha forma?

– Sim. Eles podem assumir qualquer forma, inclusive a de seus protegidos.

– Por que ele fez isso? Só pedi para ele ir a Belém e pedir sua intercessão, além de colher as bênçãos derramadas lá.

– Pois foi o que fez. Assumindo sua forma, me passou a mensagem correta e intercedi por você naquela reunião. Aposto que, depois daquele dia, seu marido melhorou.

– Verdade. Ele melhorou bastante, a ponto de conseguir sair de casa e, hoje, participar do terço comigo.

4. Presença consoladora

No mundo atual, muita gente se queixa de solidão. Inúmeras pessoas se sentem abandonadas pelos amigos e pela família. Trata-se de uma situação grave que, por vezes, as leva à depressão. A intimidade com o anjo da guarda pode ser um bom remédio para esse mal. Ele tem o poder de acalentar o coração e aliviar a mente.

Em agosto de 2014, a mãe idosa do meu amigo Otto precisou ser internada em um CTI. Isso ocorreu quando ele estava no exterior, viajando com a esposa. Assim que pousou no aeroporto do Galeão, recebeu a notícia através de uma de suas irmãs. Muito preocupado, ele me telefonou:

– Meu amigo, estou muito triste...

Por sua voz, ele não parecia estar nada bem.

– Mas você acabou de chegar de férias, Otto! O que aconteceu?

– Minha mãe está internada em um hospital, no CTI.

– Calma! Você precisa de alguma coisa? Quer que eu o acompanhe até lá?

– Hoje não dá. O horário de visita é das quatro às cinco da tarde. Estou pensando em levar lá o nosso amigo, frei Juan Antonio...

– Excelente ideia. Ele poderá ministrar o sacramento da unção dos enfermos.

– Foi o que pensei. Mas ela está em coma. Acho que ele só vai poder fazer uma oração...

– Não, Otto. Mesmo nesse caso, o sacramento pode ser ministrado. Pergunte ao frei se ele não pode ir amanhã lá com você.

– Vou ligar agora mesmo. Depois nos falamos.

Otto conseguiu levar frei Juan Antonio ao CTI. A unção dos enfermos foi realizada com sucesso. Combinei com os dois uma oração pela doente. Os dois chegaram à minha casa à noite e começamos a rezar o terço. Os anjos da guarda dos dois, assim como o meu e o de minha esposa, apareceram para nos acompanhar.

Quando Otto terminou de recitar o segundo mistério glorioso, a Ascensão de Jesus, o anjo dele me falou:

– Diga ao meu protegido para rezar para sua mãe da seguinte forma, usando as contas do terço: "Que a glória de Deus, pela ação do Espírito Santo, se manifeste na vida de minha mãe."

Otto me perguntou se não era melhor rezar pela cura da mãe, mas o anjo insistiu na mesma oração. Em silêncio, nos olhamos. Frei Juan Antonio entendeu que o anjo estava preparando a partida da mãe de nosso amigo. Curiosamente, Otto ficou sereno e me disse, com os olhos marejados:

– Antes de viajar, recebi uma mensagem do meu anjo da guarda através de você dizendo que Deus iria me preparar para a morte de minha mãe...

– Otto, a oração que o anjo lhe deu é muito bonita. Significa que você não sabe o que é melhor para sua mãe neste momento, mas confia que o Espírito Santo vai agir com perfeição! – interveio o frade.

– Verdade, frei. Minha mãe está velhinha e já sofreu bastante. Não queria mais tormento para ela. Por isso estou na dúvida se devo pedir a cura ou dizer para Deus levá-la agora que está em coma...

– Sua fidelidade vai ser recompensada, Otto – afirmei. – Você é um homem que tem amor verdadeiro por Deus. Ele vai fazer o melhor para vocês.

– Lembro que certa vez, em Belém, fui chamado para dar a unção dos enfermos ao marido de uma amiga. Ele já estava com morte cerebral quando cheguei ao hospital, mas os outros órgãos ainda funcionavam. Na hora, disse às pessoas que Deus só estava esperando que eu ministrasse o sacramento para, então, levá-lo para junto dele. Pouco tempo depois que terminei minha tarefa, o homem faleceu – falou o frade na tentativa de consolar Otto.

– Será que isso vai acontecer com minha mãe, frei?

– Otto, Deus tem sido muito bom para você. Tenho certeza de que Ele vai aproveitar o momento de graça em que se encontra sua mãe. Vamos confiar, certo?

A oração prosseguiu normalmente até o fim. Otto saiu da minha casa com o coração aliviado. O frade saiu confiante na ação de Deus e na providência de uma boa morte para a mãe de Otto. Tínhamos, enfim, a certeza de que Deus não desampara seus filhos amados. No dia seguinte, à tarde, recebi um telefonema de Otto.

– Meu amigo, ela se foi – contou-me com a voz fraca.

– Como você está se sentindo?

– Sinto paz no coração. Nunca pensei que fosse estar assim. Meu anjo da guarda, Nossa Senhora e os santos cuidaram de mim. Só tenho a agradecer a você e ao frei pelas orações – respondeu ele, emocionado.

– Nada disso, Otto! Você já está fazendo a coisa certa: agradecendo a Deus.

À noite, recebi novo telefonema do meu amigo:

– Desculpe incomodá-lo de novo, mas aconteceu uma coisa incrível!

– O que aconteceu, Otto?

– Lembra quando você foi ao Santuário de Lourdes pela última vez?

– Claro, me lembro perfeitamente das duas vezes em que estive naquele paraíso mariano!

– Você se lembra do crucifixo?

Não poderia esquecer uma história como aquela. Estávamos eu, minha esposa, minha mãe e a esposa de Otto em Lourdes, na França. Era de manhã e estávamos realizando a Via-Sacra na bela colina do santuário. As imagens de bronze em tamanho natural estavam espalhadas pelo bosque, retratando o caminho doloroso de Nosso Senhor Jesus, ajudando-nos na meditação dos mistérios do Calvário.

Ao atingirmos a quarta estação, passamos por uma experiência mística interessante: a esposa de Otto percebeu que uma lágrima se formara no olho esquerdo da imagem de Jesus. Aproximamo-nos para ver melhor e lá estava ela, uma única gota. Não havia qualquer indício de chuva ou de água no local.

– O objetivo de Deus com essa lágrima é fazer com que rezemos pelos que não creem – falei ao pequeno grupo. – Apesar de ser um fenômeno belo, que nunca havíamos visto, não podemos perder o foco!

Com alguma dificuldade, consegui tirar as mulheres do lugar e seguir com a oração. Próximo ao final, quando chegamos ao ponto mais alto daquele belo bosque, apareceu o anjo da guarda de Otto, que estava no Brasil. Avisei à esposa dele.

– Mas numa hora destas ele está no trabalho.

– Sim, mas provavelmente ele está precisando de oração e bênçãos.

– Vamos entregar, nesta estação, a vida de Otto e de todos os nossos amigos que precisam de oração.

Imediatamente senti que precisava levar algo do santuário de presente para Otto. Mas o quê? Ele tem uma coleção enorme de imagens de santos, inúmeros terços e outros objetos religiosos... O anjo da guarda de Otto, então, virou-se na direção de um monte.

– Estou vendo uma forte luz azulada no topo daquele lugar! – avisei ao grupo.

– Deve ser Nossa Senhora, já que estamos na casa dela – afirmou minha mãe.

– Acho que não. Parece que, ali, há um objeto para ser entregue ao Otto. Vou subir lá e ver o que é.

– Cuidado para não cair! – alertou minha esposa.

Quando cheguei ao topo, para minha decepção, não havia nenhum objeto. Também não vi qualquer ser espiritual. A luz azulada, contudo, estava lá. Apoiei-me na grama e me preparei para descer, mas algo "queimou" a palma da minha mão esquerda. Comecei a cavar para ver o que era e encontrei um pequeno crucifixo prateado.

– Vejam o que Nossa Senhora de Lourdes e o anjo da guarda do Otto mandaram para ele!

Mostrei-o às mulheres com alegria. Estava um pouco sujo de terra, pois sabe-se lá quanto tempo estivera enterrado.

Otto sempre deu o maior valor ao crucifixo que encontrei em Lourdes. Durante todos esses anos, guardou-o com amor junto à imagem de Nossa Senhora Rainha da Paz que tem em seu pequeno oratório. Naquela noite, depois da morte de sua mãe, o crucifixo voltou a ser o assunto.

– O que aconteceu com ele? Você o perdeu de novo? – perguntei, pois ele já havia sumido outras vezes, mas sempre dava um jeito de ser encontrado pelo dono.

– Não, desta vez não o perdi. Mas aconteceu um fato muito estranho.

– Conte-me.

– Todas as vezes que preciso enfrentar uma situação dura, coloco o crucifixo no meu bolso. Pois bem: hoje de manhã foi o que fiz, e saí. Tinha o enterro da minha mãe e tudo o mais...

– Fez bem. Se você se sente mais seguro com o crucifixo, use-o mesmo.

– Passei o dia com ele no bolso e, agora à noite, quando o fui pegar, percebi que tinha mudado de cor!

– Como assim?

– Ele é todo prateado, não é?

– Sim.

– Pois ele ficou todo dourado. Ainda está assim!

– Não é possível! Pode tirar uma foto e mandar para mim agora?

Quando vi as fotos, fiquei impressionado. Era o mesmo crucifixo, mas a cor se alterara: dourado, em diversos tons! Como era possível?

– Que coisa incrível, Otto!

– Viu só? O que pode significar isso?

– Parece ser um sinal do seu anjo da guarda e da Virgem Maria. Ora, você nasceu no dia de Nossa Senhora de Lourdes e o crucifixo foi encontrado na colina da Via-Sacra de lá. Acho que seu anjo da guarda está lhe dizendo que sua mãe chegou bem à morada celeste. Está no lugar que deveria estar, e feliz.

– Não tenho como agradecer por tanto carinho de Deus para comigo! Meu anjo da guarda, obrigado!

– Basta você amar a Deus como tem feito. Honrar seu anjo da guarda todos os dias, como já faz. Continuar declarando seu amor a Nossa Senhora várias vezes ao dia. Meu amigo, você está no caminho certo.

5. Convite à oração

O ser humano que almeja chegar à morada celestial e gozar da companhia dos anjos e dos santos precisa se dedicar, dentre outras coisas, à oração. Quem não reza não logrará êxito em sua jornada espiritual. Uma das maiores preocupações do anjo da guarda é fazer com que seu protegido compreenda que necessita ter uma vida de oração.

Um amigo meu, R., tem uma relação interessante com seu guardião. Durante um período de sua vida, o ser angélico o acordava praticamente todos os dias às três horas da manhã para que rezassem juntos! Tal hábito fez com que ele tivesse a fortaleza necessária para enfrentar diversas situações difíceis.

Certo dia, estávamos conversando sobre como os anjos agem em nosso cotidiano e R. me disse:

– Não saio de casa sem falar com meu anjo da guarda. O mundo está muito complicado e me sinto seguro quando ele está comigo.

– Isso é realmente fundamental!

– Até mesmo quando preciso ir de carro a um lugar onde é difícil encontrar vaga para estacionar, peço ao meu anjo.

– Como?

– Peço que ele arrume uma vaga aonde vou. Funciona que é uma beleza!

Caso semelhante em devoção foi o de A. Casado e com duas filhas, ele certa vez se viu desempregado. Em vez de se desesperar ou reclamar de Deus, passou a aprofundar sua vida espiritual. Sem se deixar abater – apesar de confessar que, algumas vezes, se sentia no fundo do poço –, intensificou a devoção a São Miguel e ao seu anjo da guarda.

O tempo passava e já se iam dois anos sem um novo emprego. Em uma manhã de setembro, fui à missa de domingo com meu filho e minha esposa. Quando olhei para o banco ao lado, lá estava A. com a família. Com um aspecto ótimo, exibia o sorriso da vitória.

– Pedro, fiquei dois anos desempregado!

– Que coisa terrível... Tenho sempre rezado pelos pais de família que precisam de um emprego, A.

– Durante esse período, tive uma oportunidade. Faz pouco tempo, mas recusei a oferta, mesmo estando naquela situação desconfortável.

– Como assim? Você teve um bom convite e recusou?!

– Não foi bem assim. Vou lhe explicar. Um amigo me indicou para uma boa empresa. Dei-lhe meu currículo e fiquei aguardando ser chamado. Nesse meio-tempo, ele ficou desempregado. Quando fui fazer a entrevista na empresa que estava contratando, abri mão da vaga e pedi que contratassem meu amigo.

– Que demonstração de caridade! As orações a São Miguel e ao seu anjo da guarda lhe inspiraram o verdadeiro amor de Deus. Você teve misericórdia.

– O mais interessante é que não me arrependi, em hora nenhuma, do que fiz. Sentia no meu coração o apoio dos anjos. Então, um dia, encontrei um colega com quem havia trabalhado anos antes numa empresa do Rio de Janeiro. Ele me perguntou onde eu estava trabalhando e lhe contei minha situação. No mesmo instante, ele pediu que eu passasse o currículo, pois iria me indicar à administração de um shopping. Fiz como ele me falou, mas, passados alguns dias, deixei de lado as esperanças de obter algo através daquele contato.

– Mas você continuava procurando um emprego em sua área?

– Sim. Até cogitava ir para outras cidades onde tivesse mais oportunidades de trabalho.

– E o que aconteceu, A.?

– Pouco tempo depois, recebi o telefonema do shopping. Hoje, trabalho lá e estou muito feliz. Deus, com seus anjos, foi fiel a mim. Mesmo quando se está na pior, o importante é nunca deixar de rezar e de agradecer pelo que se tem. Nunca deixar de adorar a Deus!

6. Respeito aos desígnios de Deus

O anjo da guarda se dedica com afinco à sua missão, mas não desafia, em nenhuma hipótese, as diretrizes dadas pelo Pai Celestial. Em primeiro lugar, o guardião jamais imporá sua vontade ao protegido, procurando fazer com que o homem entenda qual é a vontade de Deus em cada momento.

Em segundo lugar, ele não atrapalhará os planos de Deus. Se o ser humano deve enfrentar problemas em sua passagem pela terra para que evolua espiritualmente, o anjo não poderá interferir de modo a anulá-los ou revogá-los. O ser angélico pode, todavia, ser um bálsamo para o coração do protegido, trazendo a paz durante as tempestades. Pode assumir o papel de motivador, incentivando a pessoa a encarar dignamente o sofrimento sem perder a fé, dando-lhe a certeza de que a dor é passageira e a vitória o aguarda.

Por volta dos 25 anos, tive uma grande provação. Certa manhã, muito chateado com o que me acontecia, resolvi questionar I.:

– Acho que você é um péssimo anjo da guarda. Ou, então, você é menos poderoso que seus companheiros!

– Qual é o motivo do discurso, além da imaturidade espiritual, Pedro? – retrucou ele com semblante tranquilo.

– Você sabe muito bem! Quanto tempo mais vou esperar para esse sofrimento horrível passar, I.?

– Não tenho permissão para lhe dizer.

– Não é possível que um anjo da guarda não tenha o poder de tirar seu protegido de um sofrimento assim! Pelo menos me diga quanto tempo falta, assim poderei me preparar melhor.

– Fico triste em saber que precisa se preparar melhor, Pedro. Um homem espiritualizado está sempre preparado. Vejo que está longe de ser aquilo que Deus quer.

– A situação está insustentável. O sofrimento me incomoda tanto que não consigo mais dormir.

– Se você não tem paz interior, está muito longe do ideal. Sabia que os santos sofreram muito durante a vida, mas guardavam a paz interior através de sua fé e entrega a Deus? Onde está a sua, Pedro?

– Vamos deixar as coisas claras, I.: você não vai tomar nenhuma providência em relação à situação que estou vivendo nem vai me dizer quanto tempo falta para ela passar?

– Exatamente. Seu sofrimento foi permitido pelo Criador. O Senhor do Universo entende que ele é ideal para seu crescimento espiritual. Não o revogará nem permitirá que nenhuma criatura, humana ou angélica, atrapalhe seus planos. Assim, você deve ser forte e cultivar a perseverança na oração, no jejum e na meditação.

De fato, a turbulência durou quase quatro anos! Com toda a diligência, I. me aparecia diariamente, dando-me conforto espiritual, acariciando meu coração. Com sua ajuda, pude ultrapassar um grande obstáculo e aprender que devemos enfrentar com fé e perseverança os testes que Deus nos dá. Nosso Pai sabe o que é melhor para nós, para nosso crescimento espiritual, intelectual e moral. Trata-se de confiar e se entregar a Deus, sem jamais desistir.

Além das questões de trabalho, dos problemas familiares, dentre outros, cada anjo da guarda luta para que seu protegido vença a batalha pessoal contra o pecado, para que seja marcado com o selo dos amigos de Deus e ganhe o direito a uma morada no Paraíso.

V

A comunicação entre o anjo da guarda e seu protegido

A partir do momento em que a pessoa se convence da existência do anjo da guarda e procura conviver com ele, surgem diversos questionamentos. A maior parte diz respeito à comunicação. Os anjos falam? Em que língua? É possível ouvir sua voz? É preciso ter dons especiais para entrar em contato com eles?

Coleciono um número impressionante de dúvidas sobre o modo como os anjos da guarda se dirigem aos protegidos. As perguntas foram feitas por aqueles que, nos últimos anos, compareceram às tardes de autógrafos ou aos terços ou postaram mensagens nas redes sociais.

Conforme prometi a todos, tentarei responder aos questionamentos que considero mais relevantes com o meu limitado conhecimento, adquirido por meio da minha convivência com tais criaturas.

Já vimos que os anjos da guarda usualmente se valem dos sonhos, das visões e intuições para passar mensagens aos protegidos. É possível, portanto, afirmar que a modalidade de comunicação mais frequente é a que se vale da mente.

Se o protegido tem intimidade suficiente com seu anjo, este tem via livre para lhe transmitir o que deseja de diversas formas. Provavelmente fará isso através de sonhos ou telepatia. Isso significa que a pessoa precisa ter algum tipo de habilidade incomum? A resposta é não.

O importante é o convívio diário com a criatura angélica, a perseverança na busca de uma maior intimidade com o guardião, seguindo os mandamentos bíblicos. Essa atitude é facilitada pela prática de exercícios espirituais como a meditação, a oração pessoal e o jejum. Essas ferramentas têm o poder de apurar o canal de comunicação.

1. A telepatia

Desde o nascimento, somos todos dotados de habilidade telepática. Por falta de prática, acabamos "enferrujados" e, depois, ela se torna inoperante. Isso ocorre, em parte, porque nos ensinam que a telepatia pertence aos contos de fadas. Além disso, a sociedade em que vivemos nos convence de que o correto é falar (e muito) tudo o que se pensa, de preferência em alto volume. Em consequência, nossa capacidade de escutar o próximo diminui. Conclusão: se temos problemas de comunicação entre nós, humanos, imagine com os anjos!

Como ativar a telepatia? É essencial saber silenciar a mente e o coração. Sem a prática do silêncio interior, não há nenhuma chance de que você ressuscite sua capacidade telepática. Se sua mente não se cala, mas pula como um macaco de ideia em ideia, pensamento em pensamento, seu anjo da guarda não tem espaço para lhe enviar qualquer mensagem. Quem fala demais não tem condições de ouvir nada com atenção.

Mesmo que o guardião fale, o protegido não entenderá nada, por causa de sua intensa atividade mental. Ou melhor: vai pensar que o anjo nunca se dirigiu a ele! Assim, o guardião perceberá que sua tentativa foi infrutífera. Será que vai continuar tentando por muito tempo?

A comunicação angélica se perde no meio do falatório, das preocupações e informações desconexas, que poluem a mente do ser humano. Com o tempo, a pessoa nem vai notar que seu anjo da guarda, durante anos a fio, tentou lhe dizer algo.

O silêncio interior é tão importante que podemos extraí-lo dos ensinamentos de Jesus Cristo, nosso Mestre. No evento em que Marta o recebe em sua casa e se queixa da irmã, Maria, que está aos pés do Senhor, sem ajudar nos afazeres domésticos, Jesus lhe diz: "Marta, Marta! Você se preocupa e anda agitada com muitas coisas; porém, uma só coisa é necessária, Maria escolheu a melhor parte, e esta não lhe será tirada" (Lucas 10, 41). Ele percebeu que, com tanta preocupação e tantos pensamentos aflitivos – devido às funções que desempenhava no dia a dia –, Marta não tinha condições de ouvir e compreender a voz de Deus.

Por meio da telepatia, a conversa com o anjo da guarda é mais rápida. Em minha experiência até hoje, identifiquei três formas: o anjo pode transferir blocos de ideias, imagens velozes ou palavras.

Em certa manhã de 2015, caminhava em direção ao metrô, para ir trabalhar no centro do Rio de Janeiro. Saí do meu prédio e tomei a rota de sempre. Quando passei por uma rua transversal, I. me apareceu. Seus pés não tocavam o chão e ele exibia sua túnica verde habitual. Estava na minha frente, em um ângulo de aproximadamente 45 graus acima de minha cabeça.

– Pedro, vire à direita na próxima rua – ordenou-me de forma telepática, palavra por palavra.

– Agora? Aqui?

– Imediatamente.

– Para quê? Assim, vou levar mais tempo para chegar ao trabalho, I.!

– Vire aqui!

Sem discutir, tomei a rua indicada. Segundo meus cálculos, o desvio faria com que eu chegasse ao metrô uns cinco minutos depois do normal. Ao me aproximar da entrada da estação, percebi intensa movimentação. Havia tumulto em uma farmácia, bem perto do local onde desceria as escadarias para pegar o trem.

– O que houve aqui? – perguntei a um funcionário do metrô.

– Você não viu?! – Ele me olhou com espanto.

– Não. O que aconteceu?

– Um assalto agora mesmo! Uma mulher foi baleada de raspão na perna e está lá dentro da farmácia sendo atendida.

Justamente por ter compreendido a mensagem do meu anjo da guarda, não presenciei a ação dos assaltantes que, armados, levaram o terror. Ao se comunicar comigo, I. cumpriu com louvor sua missão de me guardar do perigo.

2. O silêncio interior

Será que você consegue silenciar a mente e o coração? Faça um teste. Sente-se em um lugar confortável, onde ninguém irá interromper você. Coloque um crucifixo na sua frente.

Para começar, faça o sinal da cruz e feche os olhos. Sinta o corpo se acomodar na cadeira, no chão, onde quer que você esteja.

Consegue perceber a posição de seu corpo? Sua coluna está ereta ou curvada? Qual a textura do lugar onde você está sentado? Você sente frio, calor ou a temperatura lhe é agradável? Você tem vontade de se mexer? Não o faça. Lute e concentre-se para se manter o mais imóvel possível. Nesse embate, analise qual parte do corpo o incomoda mais. Identifique-a, mas não se mexa. Agora que conquistou essa posição e já observou o próprio corpo, passe a analisar a respiração.

Com que frequência você respira? Conte mentalmente quanto tempo leva para encher os pulmões e quanto tempo precisa para soltar o ar. A partir do momento em que você captar o ritmo, concentre-se em mantê-lo por dois minutos. Depois seu corpo assumirá o ritmo por você identificado.

Agora seu corpo está inerte e sua respiração é ritmada. Concentre-se nos batimentos cardíacos. Consegue senti-los? Em quais partes do corpo eles se fazem sentir mais nitidamente? Procure concentrá-los na testa, na altura das sobrancelhas. Pode fazê-lo? Basta direcionar sua atenção para essa área. Ao executar essa tarefa, em momento algum mexa o corpo ou abra os olhos. Apenas fique com o ritmo da pulsação na cabeça. Ótimo!

Se foi capaz de fazer o exercício até aqui, abra os olhos, mas não se mova. Não mude o ritmo da respiração. Simplesmente mude o ponto de sua concentração. De olhos abertos, dirija toda a atenção para o crucifixo diante de você. Não tire os olhos dele. Quanto tempo você consegue se manter assim, sem nenhuma outra preocupação, nenhum outro pensamento que não seja o crucifixo?

Claro que se trata de um exercício extremamente difícil, mas, no momento em que você for capaz de executar cada etapa narrada acima, conseguirá silenciar a mente. Após fixar a atenção no crucifixo por um breve instante, peça a Deus: "Senhor, quero ouvir sua palavra através de meu anjo da guarda." Depois, volte para o silêncio e a contemplação do crucifixo.

Gosto de fazer esse exercício na igreja diante do Santíssimo. Quem é católico sabe que, quando há uma luz vermelha acesa próxima ao altar, ali está Nosso Senhor no sacrário. Contemplar o Santíssimo é um exercício de passividade. A pessoa deve se colocar em silêncio e apenas usufruir da presença de Deus. Devemos nos prostrar aos pés do Senhor, experimentando sua luz, que tudo pode e tudo cura, que sabe do que precisamos naquele momento e, por isso, nos penetra com intensidade.

O exercício é similar ao do crucifixo. Sente-se no banco da igreja, faça o sinal da cruz e feche os olhos. Sinta a superfície onde está e busque a melhor posição. Endireite a coluna (não fique encurvado, com má postura, nem se estiver no genuflexório). Relaxe os braços de modo que as palmas das mãos pousem nas coxas. Se a cabeça pender, que seja para a frente, com o queixo no peito. Preste atenção à respiração.

Depois, como no exercício anterior, fique atento aos batimentos cardíacos. Então, passados alguns instantes, abra os olhos. Mire a luz vermelha ao lado do altar. Deixe que seus olhos relaxem, mas não perca a intenção de fitar a luz vermelha que indica a presença de Deus. Se souber onde fica o sacrário, pode pousar seus olhos nele, em vez de na luz vermelha. Procure esquecer tudo o que está ao redor. Imagine que o Santíssimo, como o sol, irradia uma luz de cura e libertação em sua direção. Sinta a luz penetrando seus olhos, sua pele e seus cabelos. Circulando pelas veias. Tudo em você é banhado pela luz. Você repousa no colo do Senhor.

Enquanto estiver realizando esse exercício, não peça nada. Esse é o momento em que Deus alimenta você com seu amor e poder. Apenas experimente ficar em seu colo. Nos braços de Jesus. No final, peça que Ele lhe proporcione a graça de ouvir a voz de seu anjo da guarda, mensageiro dos céus. Silencie novamente e aguarde. Após uns minutos, faça o sinal da cruz e encerre a atividade.

Outra variante do exercício também é muito proveitosa. Serve apenas para aqueles que estão em condições de receber o Corpo do Senhor, a comunhão, durante a Santa Missa. A sequência é a mesma dos outros exercícios. O diferencial está na presença de Jesus dentro de você. Em silêncio, após receber a Eucaristia e voltar para o banco que ocupava na igreja, passe pelas etapas narradas nos parágrafos anteriores, colocando toda sua atenção no Corpo de Jesus que está em seu interior. Foque no seu plexo solar, ou seja, no ponto central do peito. Experimente a força de Cristo que emana de dentro de você. Imagine que Jesus o está purificando, curando, restaurando com seu poder. Todo o seu corpo se ilumina com a luz de Deus que brota da comunhão.

Depois de sentir essa presença abençoada, peça a Jesus que lhe permita ouvir a voz do anjo da guarda todos os dias.

Silencie. Faça suas orações e volte a atenção para o restante da missa.

O que acontece quando a pessoa consegue executar esse exercício com proficiência? Ah, vocês é que vão me dizer! Não se esqueçam de anotar todas as vezes em um caderno ou mesmo no computador. Isso é importante para que analisem sua evolução espiritual.

Outro problema que pode impedir você de ouvir a voz do guardião é o turbilhão de sentimentos dos corações modernos. Nos dias de hoje, parece que cada acontecimento da vida tem o poder de lhe tirar a paz e o equilíbrio. Alegrias e tristezas parecem se revezar em turnos muito curtos ou, em algumas hipóteses, se fazem presentes simultaneamente!

Muita gente vem me dizer que, no mesmo dia, oscila entre a felicidade e a decepção. São tantas emoções que, à noite, a pessoa nem sabe o que exatamente causou cada uma delas.

Convencer o povo de que a prática do silêncio interior é essencial para o desenvolvimento espiritual tem sido uma luta árdua. Boa parte dos fiéis com quem falo sobre o assunto me garante que não tem tempo a perder. Sentar em silêncio, sem pensar em nada? Sem deixar que as emoções tomem conta? Sem se dedicar aos afazeres diários? Seria absurdo! Mas perder tempo assistindo a novelas, tudo bem...

Às vezes a pessoa tenta praticar o silêncio, porém desiste logo ao perceber a dificuldade. Trata-se realmente de uma técnica complicada. Sem perseverança e paciência não haverá resultado positivo.

Uma mulher do Rio de Janeiro me perguntou certa vez:

– Pedro, como posso sentir melhor a presença do meu anjo da guarda?

– Você tem rezado?

– Sim. Tenho conseguido ir à missa todos os dias, logo pela manhã – respondeu ela, satisfeita.

– Você chega antes do início da missa?

Queria saber do tempo de que ela dispunha para praticar o silêncio, pois muitos não se dão conta de que tais momentos podem ser mais bem aproveitados.

– Sim.

– O que faz enquanto espera o padre entrar?

– Penso nos meus problemas enquanto recupero o fôlego. Estou acima do peso e a caminhada até a igreja é cansativa.

– Por que, inicialmente, não fecha os olhos e mantém sua atenção apenas na respiração? Observe o subir e descer do peito. A forma como a entrada do ar vai se suavizando e o batimento cardíaco começa a cair e voltar ao normal. Depois, quando a respiração estiver restabelecida, abra os olhos. Procure olhar fixamente para o Santíssimo e pensar somente no Senhor. Após alguns minutos assim, feche novamente os olhos. Busque sentir a luz que dele emana e que banha sua face. Sinta seu calor suave. Imagine que ela penetra a pele e percorre todo o corpo. Deus está com você! Nesse momento, peça que o anjo da guarda se manifeste ao seu lado. Que, de algum modo, ele faça com que você o sinta. Já praticou algo semelhante?

– Não, nunca pensei em fazer nada parecido! Para mim, tudo o que envolve concentração é muito difícil. Fico tão preocupada com meus afazeres domésticos que penso mil coisas ao mesmo tempo. Tenho muitos problemas para enfrentar, sabe? Minha mente não descansa. Em alguns momentos, o máximo que consigo é entregar a Deus umas três intenções. De repente, os pensamentos de dúvida e dor e as questões relacionadas ao meu trabalho tomam conta de mim. Ficam todos embaralhados na minha cabeça e já não sei mais sobre o que exatamente estava rezando naquele momento.

Essa experiência não é única. Pessoas que cuidam diariamente de sua vida espiritual sofrem do mesmo mal. Gente com longa caminhada na fé tem a mesma dificuldade: não consegue se desligar dos problemas mundanos que as cercam e abrir espaço para que Deus lhes fale através dos mensageiros angélicos.

Não basta desejar o silêncio interior, dizer para si mesmo: "Quero que minha mente fique em silêncio agora." Ela não obedecerá ao comando. Por quê? É necessário trabalho, dedicação e perseverança. Treino. Imagine que você tem uma mesa em sua sala e quer retirá-la de lá. Ela é pesada, mas você não a tolera mais ali. Parte com decisão para removê-la sozinho. Se você é uma pessoa sedentária, sem a musculatura necessária para a tarefa, terá êxito? Duvido, mesmo que parta com toda a vontade. Só se tivesse uma vida acostumada a exercícios físicos. Com o lado espiritual, se dá o mesmo. Se você não pratica suas faculdades espirituais, quando precisar delas, não estarão lá!

Enfim, é preciso muito afinco para desconstruir hábitos ruins, que nos foram inculcados pela sociedade ou por nossa própria preguiça e não permitem que tenhamos silêncio interior. Sem calar nosso pensar e sentir, dificilmente conseguiremos ouvir o que nosso anjo da guarda nos fala.

3. A voz dos anjos

Para ouvir a voz do anjo da guarda, é preciso ter o dom da audição espiritual. A pessoa tanto pode nascer com ele quanto recebê-lo pela ação do Espírito Santo no decorrer de sua vida. Se você se dedica à prática da oração, do jejum e da meditação e vive os mandamentos do Senhor, pode ser agraciado com tal habilidade.

Há muitos anos, contei a frei Juan Antonio sobre um conflito com um ser demoníaco. Durante aquela aparição, um demônio (que, sendo um anjo caído, é uma criatura poderosa) fez ressoar sua voz de trovão. Ouvi com meus próprios tímpanos cada palavra que me disse.

O frade me escutou com atenção e, para minha surpresa, falou:

– Pedro, se um demônio se faz ouvir assim, imagino que seu anjo da guarda também. Como é a voz dele?

– Frei, conto nos dedos as vezes em que ouvi a voz de I. Normalmente conversamos telepaticamente. Não há necessidade de palavras.

– Sempre que penso nos anjos louvando a Deus, os imagino cantando, com vozes maravilhosas! A voz de seu anjo da guarda é bonita? Ele é bom cantor?

– Sim, uma voz belíssima. Ele é um grande cantor, frei! Mas não é uma prerrogativa somente dele. Uma vez, durante um terço que dirigi em São Paulo, enquanto cantava uma música cuja letra o povo não conhecia, percebi que vozes me acompanhavam. Vi que, acima das cabeças dos fiéis, seus anjos da guarda se reuniram em formação e começaram a cantar comigo. Um coral sensacional! No final da oração, surpreendentemente, um senhor veio me perguntar de quem eram aquelas vozes maravilhosas que ele havia escutado durante a música que eu tocara.

– Pedro, algumas vezes ouço também os anjos cantando durante minhas missas. Eles adoram o Senhor através de sua habilidade musical. Que vozes magníficas eles têm! – exclamou o frade.

– Frei, se já sabia que os anjos são cantores e já os ouviu, por que me perguntar a respeito da voz do meu anjo?

– Porque pensei que poderia me dar mais detalhes. Nada de mais, só curiosidade – respondeu ele, com seu sorriso característico.

Alguns anos depois, por ocasião de um encontro que tivemos no Santuário de Fátima, nossos anjos da guarda nos deram um presente especial. Por volta de nove horas da manhã, nos reunimos em frente à imagem de bronze de São João Paulo II, para, rezando o terço, caminharmos até o bosque de Valinhos, onde faríamos a Via-Sacra.

Assim que colocamos os pés na rua que ladeia o santuário, formou-se um cortejo angélico à nossa frente. Frei Juan Antonio percebeu que havia algo de especial ali e questionou:

– Quem está aqui conosco? Sinto uma presença muito agradável. Algo de diferente está acontecendo. Parece que o Céu se abriu para nós. Ao longe, ouço um coral de vozes!

– Frei, são seis anjos, todos têm túnicas azuis. Estão segurando lamparinas e caminham em duplas na nossa frente. Junto com eles estão nossos anjos da guarda. O meu está de verde; o seu, de vermelho.

– Tive a impressão de que rezavam conosco, pois ouvi mais vozes do que as nossas nas Ave-Marias!

– Sim, estão recitando o terço conosco.

Naquele dia, os anjos nos acompanharam durante toda a Via-Sacra, entoando conosco os cantos e orações até o final.

Se, para cumprir sua missão, o anjo da guarda perceber que é fundamental emitir um som audível, ele assim o fará. Um sacerdote em Manaus me narrou uma experiência que teve em 2014 relacionada a essa questão:

– Pedro, uma noite entrei na sala de meu apartamento. Olhei na direção da televisão e, do nada, ouvi uma voz masculina que me perguntou: "C., é só este o espaço que o Senhor tem em sua casa?" Ele se referia ao fato de, naquele cômodo, apenas existir uma imagem de Jesus e a foto do papa São João Paulo II.

– Uma voz! Interessante, C. Na sua opinião, de quem era? – eu quis saber, pois gosto muito de colher opiniões a respeito do sobrenatural.

– Na hora, fiquei assustado e gritei pela moça que trabalha lá em casa. Mas não tinha ninguém. Fiquei preocupado com o acontecimento e fui procurar um psiquiatra. Achei que estava delirando.

– Você contou ao psiquiatra o que tinha acontecido?

– Sim, fui bem preciso.

– Qual foi o parecer do médico?

– Ele me disse: "C., se você tivesse ouvido uma voz dizendo para ferir alguém ou se matar, eu diria que sua doença era grave. Mas uma voz que o convida a dar mais espaço para Deus em sua vida deve ser algo que vem de outra dimensão mesmo."

– A conclusão do médico lhe trouxe paz?

– Sem dúvida!

– Então, na sua opinião sacerdotal, o que aconteceu naquele dia? De quem era aquela voz?

– Pensei que se tratava do próprio João Paulo II pedindo para que eu desse mais espaço a Deus nas minhas coisas. Sou muito devoto dele.

– Mas a voz era parecida? Conhecemos bem a voz de São João Paulo II, já que o ouvimos falar durante tantos anos como papa, não é?

– Não se parecia com a voz dele. Só sei que se tratava de uma voz masculina. O que poderia ser, Pedro?

– Era seu anjo da guarda, C.

– Mas ele iria falar comigo? – perguntou o padre, parecendo surpreso.

– Sim, claro! Você é o protegido dele. É sacerdote, filho predileto da Virgem Maria, a Rainha dos Anjos. Sua importância é enorme. Seu anjo da guarda luta pela sua evolução espiritual e fez questão de lhe dar um recado. Quer que Deus ocupe mais espaço em sua vida. Não apenas nos móveis de casa, mas em tudo o que você faz.

4. A língua dos anjos

Os anjos têm língua própria, diferente das que escutamos em nosso planeta. É a língua dos anjos, de que fala São Paulo em 1 Coríntios, 13-1: "ainda que eu falasse línguas, as dos homens e dos anjos". As criaturas angélicas podem, todavia, falar qualquer língua humana, inclusive aquelas que não são mais usadas, como o sânscrito e o latim. Curioso que, quando entoamos cantos na língua dos anjos, os demônios se sentem profundamente incomodados. Mas isso é assunto para outra ocasião...

Há diversas pessoas que têm o "dom de línguas". Tal termo é utilizado para identificar quem tem a habilidade de orar na língua dos anjos. Nos grupos de oração do terço, quando "cantamos em línguas", os seres angélicos que ali se encontram imediatamente nos acompanham.

Muita gente não consegue compreender o que é dito ou cantado, pois não tem o dom de interpretar a linguagem angélica. Os que conseguem fazê-lo, contudo, percebem que normalmente se trata de louvores a Deus ou diretrizes importantes para o povo.

Os anjos da guarda podem transmitir aos seus protegidos mensagens na própria língua, caso a pessoa tenha a capacidade de interpretá-la ou, no recinto, haja alguém com tal dom. Certa vez, no Rio de Janeiro, fui rezar na casa de Z. Estava com um problema que já me incomodava havia alguns meses. Queria uma resposta de Deus, mas não comentei nada com ninguém. Ao final do terço, Z. me olhou e indagou:

– Ouve a música que nossos anjos estão cantando, Pedro?

– Sim, é uma melodia muito bonita.

– Me refiro à letra. Consegue compreendê-la?

Então, palavra por palavra, ela me deu uma frase na língua dos anjos, parte da música que eles estavam cantando. Assim que ela terminou de falar, a tradução veio à minha mente. Percebendo que as demais pessoas que estavam ali rezando conosco não compreendiam o que fora dito, Z. traduziu tudo. Era exatamente a mesma frase que estava em minha mente.

– Pedro, a tradução que fiz agora confere? – perguntou ela, com seu sorriso habitual.

– Perfeitamente, Z.!

Pouco tempo depois, meu problema foi solucionado com base na frase dada.

5. A aparição do anjo

Outra possibilidade é ter a graça de ver o anjo da guarda com os olhos humanos. Normalmente é necessário ter o dom da visão espiritual. Por vezes, todavia, encontrei exceções à regra.

Uma amiga minha, S., muito devota do anjo da guarda, contou-me um episódio que ajuda a compreender como os seres angélicos podem se comunicar materializando-se diante de nós.

– Pedro, quero muito ver meu anjo da guarda. Sinto sua presença quando rezo. Em todos os momentos que o chamo, ele vem.

– Como sabe que ele vem?

– Porque sinto de forma clara sua presença.

– Então seu nível de comunicação com o ser angélico está acima da média. Parabéns!

– Mas não é suficiente. Quero mais!

– Você já tem muito – repliquei, para testá-la.

– Não diga isso, porque você tem muito mais do que os outros!

– Deve haver gente com muito mais do que eu, S.! Mas, por curiosidade, que tipo de experiência você gostaria de ter com seu anjo da guarda?

– Pedro, depois de tantos anos de amizade, meu anjo nunca me apareceu.

– Entendi. Não posso lhe garantir que ele vá aparecer diante de seus olhos, mas você pode tentar.

– Como devo fazer? Todo dia ele está comigo nas missas, no terço e na adoração. O que falta?

– Durante todos esses momentos de oração, você diz a ele que gostaria de vê-lo com seus olhos?

– Não, nunca fiz isso...

– Então, no início e ao final de cada um dos seus exercícios espirituais, você fechará os olhos e pedirá a ele que se revele.

Depois de algum tempo, S. entrou em contato comigo. Falava de forma acelerada ao telefone e estava muito empolgada.

– Pedro, você não vai acreditar no que aconteceu!

– O que houve, S.?

– Estava no meu quarto, rezando, com a porta entreaberta e as luzes da casa apagadas, exceto por um abajur perto de onde estava ajoelhada. De repente, percebi uma luz vindo da porta. Mas não havia ninguém em casa comigo. Fiquei com muito medo e pulei na cama. Coloquei o travesseiro no rosto para não ver mais nada.

– Mas, S., o que estava acontecendo?

– Tinha acabado de pedir ao anjo da guarda que aparecesse para mim. O problema é que, quando ele veio naquela luz, tive muito medo. Pedi para ele ir embora.

– Inacreditável! Depois de tantos anos, você consegue o seu objetivo, mas tem medo do seu grande protetor e é incapaz de olhá-lo com os próprios olhos. Como pode, S.?

– Não sei. Tive um medo danado. O que faço agora? Estou arrependida e quero muito vê-lo.

– Penso que ele não vai mais querer aparecer dessa forma, pois sabe do seu medo.

– Pedro, me dê outra ideia, por favor.

– Acho que você pode lhe pedir para dar um jeito na situação. Explique que realmente teve medo, mas que deseja que ele encontre um modo de se mostrar para você.

Os anjos da guarda são muito criativos. Podem pensar em diversas maneiras de entrar em contato com os protegidos. Se você quer muito conhecer seu guardião mas tem medo, peça-lhe que apareça de outro modo, sem se materializar na sua frente. Acredito que ele dará um jeito. Quem sabe aparecendo em um sonho nítido?

6. Sonhos

Se a pessoa busca cada vez mais o convívio com seu anjo protetor, a comunicação espiritual entre ambos evolui diariamente para ganhar novas cores. Ao ser lapidada, permite o surgimento de novos canais. Um deles é o sonho.

Basta pensar na vida de São José. O Evangelho de Mateus conta a seguinte história: "A origem de Jesus, o Messias, foi assim: Maria, sua mãe, estava prometida em casamento a José, e, antes de viverem juntos, ela ficou grávida pela ação do Espírito Santo. José, seu marido, era justo. Não queria denunciar Maria, e pensava em deixá-la, sem ninguém saber" (Mt 1, 18-19).

Logo a seguir, o texto menciona que o "Anjo do Senhor" lhe apareceu em sonho para informar que o menino havia sido concebido pela ação do Espírito Santo. Mandou, inclusive, José lhe dar o nome de Jesus. Penso que o ser angélico enviado a São José era o seu anjo da guarda.

Não tenho dúvidas de que os guardiões podem se valer dos sonhos para se comunicar com os protegidos. Certo dia, por exemplo, Otto me telefonou, ansioso:

– Meu amigo, estou muito preocupado com meus sonhos. Às vezes, tenho até medo...

– Por quê, Otto? O que tem acontecido?

– Os avisos. Coisas que vejo nos sonhos e acabam se materializando no mundo real.

– Você acha isso ruim? Ser avisado do que vai se passar?

– Não é ruim, mas... – Ele procurava palavras mais apropriadas para expressar suas dúvidas. – Nunca fui de prever nada. É muito estranho. Até a sensação que tenho durante os sonhos é diferente. Fico muito incomodado. Acordo agitado na madrugada. Não sei de onde eles vêm!

– Mas eu sei: vêm do seu anjo da guarda.

– Você acha mesmo, Pedro?!

Como boa parte das pessoas que rezam comigo, Otto tem a falsa impressão de que experiências místicas não são para pessoas "comuns".

– Tenho certeza, Otto! O sonho é mais um meio de comunicação entre você e seu anjo. Através dos sonhos, ele consegue lhe avisar coisas importantes para sua vida. Isso é muito bom! Garanto que ele está bastante feliz com o crescimento da intimidade entre vocês. Sua caminhada está produzindo frutos. Você está em franca evolução espiritual!

– Mas, com todo o respeito, isso assusta um pouco. Será que vai acontecer toda semana? Já foram duas seguidas, Pedro!

– Calma, Otto! O que exatamente seu anjo lhe disse dessa vez?

– No último sonho, eu via com toda a clareza um valor em dinheiro. Essa quantia seria objeto do acordo que minha empresa iria assinar em uma audiência no tribunal. O papel aparecia na minha frente com o valor certinho!

– Você se refere à audiência de ontem?

– Sim!

– Me conte o que ocorreu durante a audiência.

– Para simplificar: tudo se passou como no sonho. As partes chegaram de fato a um acordo. No final, o valor pago foi precisamente aquele que vi no sonho! Na hora, fiquei todo arrepiado!

– Pois é, meu amigo, seu anjo da guarda sabia que essa ação judicial o estava incomodando demais. Ele resolveu tudo da melhor forma.

– Verdade. Aquilo estava me fazendo mal havia algum tempo. Eu rezava para que tudo acabasse o mais rápido possível. Um acordo seria mesmo algo bom, pois encerraria o processo imediatamente.

– Veja, Otto, como seu anjo é eficiente: ele providenciou um acordo de valor justo. Com antecedência, contou como o problema iria desaparecer. Conclusão: tomou conta de tudo para você!

– É mesmo! Estou aliviado. Foi bom para mim.

7. Sinais

Para cumprir seu serviço, os anjos podem se valer de sinais compreensíveis para nós, de seres humanos, de animais ou de fenômenos da natureza.

Em determinado período da minha vida, estava passando por uma grande dificuldade. Rezava diariamente para que Deus me desse uma resposta. Pedia ao meu anjo da guarda que me dissesse aquilo que o Senhor queria de mim, mas ele ficava em silêncio. Num sábado à noite, fui à missa. Cheguei cinco minutos antes do início e me pus a orar de joelhos, falando ao Pai sobre meu problema.

De soslaio, percebi I. sentado ao meu lado no banco. Continuei minhas orações sem me dirigir a ele. O padre e a equipe litúrgica se encaminharam para perto da porta da igreja. A missa iria começar. Parei de rezar e me levantei para o canto de entrada.

Quando o padre, já no altar, se pôs a cantar o sinal da cruz, meu anjo dirigiu meu olhar para a lateral esquerda da igreja. Lá estava um homem de camisa branca, onde se lia a resposta de que eu tanto precisava. Era um presente de Deus! E tudo saiu conforme estava ali escrito.

Em outra ocasião, eu estava com um problema para solucionar em São Paulo. Cheguei ao aeroporto preocupado. Havia rezado com I. durante todo o voo. Quando entrei no táxi, o motorista perguntou se podia ligar o rádio e falei que sim. Assim que silenciamos, prestei atenção ao radialista. A frase que ouvi era a resposta que eu precisava escutar de Deus! Olhei para meu anjo e agradeci. Mais uma vez, tudo se passou conforme a mensagem.

Em novembro de 2015, meu amigo Otto teve uma experiência interessante com seu guardião no Santuário da Medalha Milagrosa, no Rio de Janeiro:

– Pedro, antes do começo do terço, eu estava perto de você, ao lado do altar. Havia pessoas sentadas nos degraus que levam até ele. Percebi que duas mulheres estavam com os terços nas mãos, rezando concentradas, esperando que você desse início à sua fala. Pensei em orar também e fechei os olhos. Nesse momento, vi um braço aparecer do nada na minha frente, trajando uma manga comprida verde.

– Otto, você viu de quem era o braço?

– Foi estranho. Sabia que havia alguém ali. O braço tinha que pertencer a um corpo! Mas não conseguia vê-lo. Aliás, nem a parte de cima do braço, só o antebraço e a mão.

– Entendi. Você não conseguiu ter acesso à criatura toda. Sua visão espiritual falhou um pouco. Mas deu para entender o que ela queria com você?

– Sim, porque a mão apontou para as duas mulheres que rezavam o terço. Por mais que eu quisesse olhar para outro lugar, a mão insistia que eu as mirasse. Na hora, veio no meu coração que meu caminho espiritual compreendia a oração do terço.

No exemplo anterior, o anjo de Otto foi bastante explícito. Tão logo seu protegido fechou os olhos, resolveu lhe aparecer trajando uma túnica verde. Sabia que seu protegido, ao menos naquela época, não tinha condições de ouvi-lo. Utilizou-se, então, da visão espiritual de Otto – apesar de não ser da mais alta qualidade – para passar o recado: reze o terço para evoluir espiritualmente! Por ser um homem de oração, Otto compreendeu.

VI

Os anjos da guarda têm nome

Na Bíblia, encontram-se alguns nomes de anjos espalhados por diversos livros, como Miguel, Rafael e Gabriel. Assim, não é nenhuma novidade dizer que seres angélicos têm nomes próprios, inclusive os anjos da guarda.

Uma senhora que frequenta meu grupo de oração do terço no Rio de Janeiro afirmou categoricamente:

– Pedro, meu anjo da guarda é o arcanjo Miguel.

– Como assim?!

– Não ouviu? São Miguel Arcanjo é o meu anjo protetor.

– Não gostaria de estragar sua alegria, mas isso não é verdade – falei com tranquilidade.

– Por quê? Um arcanjo não pode ser anjo da guarda, Pedro?

– Não é algo comum, mas pode, sim.

– Então está tudo certo: São Miguel Arcanjo é o meu! – insistiu ela.

– Mas estou vendo o seu agora mesmo, e não é ele.

A mulher me encarou com espanto. Fiquei em silêncio, esperando sua reação. Ela parecia não saber o que fazer.

– Quero o nome – disse por fim, segurando com força o meu braço.

– Que nome?

– O nome dele, do meu anjo da guarda!

Perguntei ao ser angélico qual era sua hierarquia. Ele respondeu que era um anjo. Então, gentilmente, me pediu que revelasse seu nome à protegida. O sorriso da senhora era tão grande que mal cabia no rosto.

– Eu sempre tive essa dúvida, mas agora ela acabou!

– Qual dúvida? A senhora tinha tanta certeza de que era o arcanjo Miguel...

– Eu simplesmente queria ter um anjo ao meu lado, forte e poderoso, para me proteger das situações difíceis. Como não sabia quem era, optei por invocar o arcanjo Miguel como meu anjo da guarda.

– Obviamente, a senhora deve chamar todos os dias por São Miguel, mas também chame pelo anjo da guarda. Assim sua proteção vai ser bem maior, não é?

– Você tem toda a razão!

Depois desse encontro, percebi que muitas pessoas têm atitude semelhante. Querem chamar o anjo da guarda pelo nome, mas, não o conhecendo, acabam por dar o posto a algum dos conhecidos arcanjos do Evangelho. Outro comportamento bastante comum: os fiéis procuram páginas esotéricas que indicam supostos nomes angélicos, que teriam a função de reger cada dia de aniversário. Pronto: esse deveria ser seu anjo da guarda! Não é assim, entretanto, que a coisa funciona.

Durante as orações que conduzo, muitas vezes os anjos da guarda me informam seus nomes com a permissão divina. Normalmente, pedem que eu só os revele para as próprias pessoas que assistem.

Uma mulher me mandou uma mensagem interessante pelos comentários do meu perfil no Instagram. Ela tivera um sonho inusitado que lhe parecera muito real, com uma enorme quantidade de água. Em certo momento, ouviu alguém dizendo que seu nome era A.! Imediatamente sentiu em seu coração que era o anjo da guarda. Na dúvida, resolveu me escrever para se certificar. Respondi que ela estava certa.

Porém, se o leitor não teve acesso ao nome do anjo da guarda, o que deve fazer? Para dizer a verdade, não vejo tanta importância nessa questão. O fundamental é a pessoa buscar diariamente o convívio e a amizade com seu protetor angélico, criando com ele um laço forte.

Outra possibilidade é tratá-lo como um grande amigo.

– Pedro, não sabia o nome do meu anjo da guarda, apenas o sentia perto – disse-me um dia minha amiga S. – Então tive a ideia de lhe dar um apelido. Isso é pecado?

– Não, isso é amor!

– Foi o que pensei: tenho tanto carinho por ele... Assim, ficaríamos ainda mais íntimos.

– Acho que é uma ótima ideia, S.

– Será que ele se ofende?

A resposta é muito simples. Quando se dá a um amigo um apelido carinhoso, será que ele se sente mais querido? Sim, com certeza isso alegra seu coração. A mesma coisa ocorre com o anjo da guarda. Ora, se a pessoa faz questão de chamá-lo por um nome, é só criar um bom apelido. Não há mal nenhum nisso.

M., que fora aluna de catecismo da minha esposa, enviou um e-mail interessante a ela. Em sonho, tivera acesso ao nome do seu anjo da guarda. Queria saber se a experiência que acabara de ter era legítima e pediu à minha esposa que me consultasse. Analisando a questão, percebi que as informações eram autênticas.

Se você tem o desejo de conhecer o nome do seu anjo da guarda, busque um contato diário com ele. Chame-o para fazer companhia nas orações. Ao final delas, pergunte qual é o seu nome, sem rodeios. Peça-lhe para transmitir essa informação. Algumas pessoas que encontrei nos meus terços obtiveram sucesso por terem insistido todos os dias.

VII

Orações que nos aproximam dos anjos

Quando tinha por volta de 18 anos, estava correndo na praia em um final de semana, pela manhã. Vinha da ponta do Leblon em direção ao Arpoador. Na altura do Posto 10, no calçadão, passou na minha frente, em velocidade, um jovem de pele radiante, descalço, trajando uma túnica verde. A um metro de mim, I. olhou nos meus olhos, sorriu e disse:

– A oração não pode ser feita só de palavras.

– Você me assustou! Quase caí! Da próxima vez, me avise quando for aparecer assim.

Continuei meu percurso ainda remoendo aquela frase. De imediato, lembrei-me das pessoas que se utilizavam de orações tradicionais de forma mecânica: recitavam as palavras, mas os corações nada sentiam e as mentes se dispersavam. No entanto, ao final da prática, ficavam com um sentimento de dever cumprido. Mas será que, diante do Criador, aquilo era eficiente? A oração atingira seu objetivo? Segundo meu anjo da guarda, não!

Naquele mesmo dia, enquanto me vestia após o banho, I. me apareceu de novo.

– É importante que você compreenda bem o que eu lhe disse.

– Acho que entendi – respondi, mas na verdade sem entender bem o que ele queria com aquela frase.

– O que eu lhe disse tem um profundo significado.

– I., você acha que minha oração é mecânica, como a de muitos?

– Não.

– Então não entendo muito bem o que você deseja de mim.

– Falo de sua mente e seu coração.

– Como assim?

– Para se unir ao Pai Celestial, é necessário focar a mente e o coração naquilo que se reza.

– Entendo. Na prática, porém, isso não é nada fácil.

– Deus é simples, Pedro.

– Simples, mas difícil!

– A simplicidade de Deus requer disciplina e dedicação.

– I., sei disso desde pequeno.

– Só quero que você se aproxime ainda mais de Deus.

– I., muitas vezes minha oração não vem da mente e do coração. As ideias ou palavras acabam se perdendo por cansaço. Outras vezes, admito, é por puro tédio. Quando não estou disposto a rezar, nada sai bem.

O que meu anjo da guarda quis me ensinar? Deus deseja que tenhamos prazer na oração. Que não seja algo imposto, feito por obrigação. Acima de tudo, que nosso tempo dedicado à prática da oração pessoal seja oferecido com amor ao Criador: uma busca cada vez mais perfeita de comunicação com aquele a quem devemos nossa vida.

Não queira viver apenas no mundo material. Deseje, de mente e coração, ter uma vida plena, sob a mão segura do Pai Celestial, da Mãe de Deus e dos santos anjos. Em sua rotina, incorpore orações eficazes que podem fazer de você um novo ser humano. Com o intuito de auxiliar meus leitores, reúno, a seguir, algumas orações católicas tradicionais, excelentes para quem deseja ter intimidade com os seres angélicos.

1. Exorcismo breve de São Miguel Arcanjo

São Miguel Arcanjo, defendei-nos no combate, sede nosso refúgio contra as maldades e ciladas do demônio. Valei-me, Deus, instantemente o pedimos, e vós, príncipe da milícia celeste, pela virtude divina, precipitai no inferno a Satanás e aos outros espíritos malignos, que andam pelo mundo para perder as almas. Amém.

2. Oração ao anjo da guarda

Santo anjo do Senhor, meu zeloso guardador, se a ti me confiou a Piedade Divina, sempre me rege, guarda, governa e ilumina. Amém.

3. Oração aos nove coros angélicos

São Miguel Arcanjo, eu vos recomendo a hora da minha morte. Afastai de mim o demônio, para que ele não me ataque e não prejudique a minha alma.

São Rafael Arcanjo, conduzi-me sempre no caminho reto da virtude e perfeição.

São Gabriel Arcanjo, alcançai-me de Deus uma fé viva, uma esperança forte e um amor ardente, e profunda devoção a Jesus no Santíssimo Sacramento e à Virgem Imaculada.

Santo anjo da guarda, obtende-me inspirações divinas e a graça especial de pô-las em prática com fidelidade.

Ó ardentes serafins, alcançai-me um amor fervoroso a Deus.

Ó iluminados querubins, alcançai-me o verdadeiro conhecimento de Deus e a sabedoria dos santos.

Ó excelentes tronos, alcançai-me a paz e a tranquilidade de coração.

Ó altas dominações, alcançai-me a vitória sobre todas as minhas más inclinações e concupiscências.

Ó invencíveis potestades, alcançai-me fortaleza contra todo o poder infernal.

Ó sereníssimos principados, alcançai-me perfeita obediência e justiça.

Ó milagrosas virtudes, alcançai-me a plenitude de todas as virtudes e a perfeição.

Ó santos arcanjos, alcançai-me conformidade com a vontade de Deus.

Ó santos anjos, fiéis protetores, alcançai-me verdadeira humildade e grande confiança na misericórdia de Deus. Amém.

4. Rosário de São Miguel Arcanjo

V – Deus, vinde em nosso auxílio.
R – Senhor, socorrei-nos e salvai-nos.

Glória ao Pai, ao Filho e ao Espírito Santo, como era no princípio, agora e sempre. Amém.

Primeira saudação: Pela intercessão de São Miguel e do coro celeste dos serafins, que o Senhor Jesus nos torne dignos de sermos abrasados de uma perfeita caridade. Amém.
Glória ao Pai... Pai-Nosso... Três Ave-Marias...

Segunda saudação: Pela intercessão de São Miguel e do coro celeste dos querubins, que o Senhor Jesus nos conceda a graça de fugirmos do pecado e procurarmos a perfeição cristã. Amém.
Glória ao Pai... Pai-Nosso... Três Ave-Marias...

Terceira saudação: Pela intercessão de São Miguel e do coro celeste dos tronos, que Deus derrame em nossos corações o espírito de verdadeira e sincera humildade. Amém.
Glória ao Pai... Pai-Nosso... Três Ave-Marias...

Quarta saudação: Pela intercessão de São Miguel e do coro celeste das dominações, que o Senhor nos conceda a graça de dominar nossos sentidos e de corrigir as nossas más paixões. Amém.
Glória ao Pai... Pai-Nosso... Três Ave-Marias...

Quinta saudação: Pela intercessão de São Miguel e do coro celeste das potestades, que o Senhor Jesus se digne proteger nossas almas contra as ciladas e as tentações de Satanás e dos demônios. Amém.
Glória ao Pai... Pai-Nosso... Três Ave-Marias...

Sexta saudação: Pela intercessão de São Miguel e do coro admirável das virtudes, que o Senhor não nos deixe cair em tentação, mas nos livre de todo o mal. Amém.
Glória ao Pai... Pai-Nosso... Três Ave-Marias...

Sétima saudação: Pela intercessão de São Miguel e do coro celeste dos principados, que o Senhor encha nossas almas do espírito de uma verdadeira e sincera obediência. Amém.
Glória ao Pai... Pai-Nosso... Três Ave-Marias...

Oitava saudação: Pela intercessão de São Miguel e do coro celeste dos arcanjos, que o Senhor nos conceda o dom da perseverança na fé e nas boas obras, a fim de que possamos chegar a possuir a glória do Paraíso. Amém.
Glória ao Pai... Pai-Nosso... Três Ave-Marias...

Nona saudação: Pela intercessão de São Miguel e do coro celeste de todos os anjos, que sejamos guardados por eles nesta vida mortal, para sermos conduzidos por eles à glória eterna do Céu. Amém.
Glória ao Pai... Pai-Nosso... Três Ave-Marias...

Reza-se quatro vezes o Pai-Nosso, em honra de São Miguel, São Gabriel, São Rafael e do seu anjo da guarda.

Antífona: Gloriosíssimo São Miguel, chefe e príncipe dos exércitos celestes, fiel guardião das almas, vencedor dos espíritos rebeldes, amado da casa de Deus, nosso admirável guia depois de Cristo, vós, cuja excelência e virtudes são eminentíssimas, dignai-vos livrar-nos de todos os males, nós todos que recorremos a vós com confiança, e fazei, pela vossa incomparável proteção, que nos adiantemos cada dia mais na fidelidade em servir a Deus. Amém.

V – Rogai por nós, ó bem-aventurado São Miguel, príncipe da Igreja de Cristo.

R – Para que sejamos dignos de suas promessas.

Oração: Deus, todo-poderoso e eterno, que por um prodígio de bondade e misericórdia para a salvação dos homens escolhestes para príncipe de vossa Igreja o gloriosíssimo arcanjo São Miguel, tornai-nos dignos, nós vo-lo pedimos, de sermos preservados de todos os nossos inimigos, a fim de que na hora da nossa morte nenhum deles nos possa inquietar, mas que nos seja dado sermos introduzidos por ele na presença da vossa poderosa e augusta Majestade. Pelos merecimentos de Jesus Cristo, Nosso Senhor. Amém.

5. Oração dos santos anjos

Nós vos louvamos e vos bendizemos, ó Cristo Jesus, porque sois o centro do mundo angélico.

Nós vos adoramos, ó Cristo Jesus, porque voltareis em vossa glória, com todos os vossos anjos.

Em vós, ó Cristo Senhor, foram criadas todas as coisas dos céus e da terra, as visíveis e as invisíveis: serafins, querubins, tronos, dominações, potestades, virtudes, principados, arcanjos e anjos. Tudo foi criado por Cristo e para Cristo.

Nós vos bendizemos, espíritos celestiais, servidores enviados ao serviço dos que herdam a salvação. Nós vos bendizemos porque desde a criação estais a serviço de Deus, como mensageiros obedientes, anunciando a salvação dos seres humanos e ajudando-nos no caminho de Deus.

Nós vos bendizemos, amigos de Deus, porque ajudais misteriosa e poderosamente a Santa Igreja. Convosco nós adoramos o Deus três vezes Santo na liturgia.

Nós vos bendizemos porque ajudais a vencer o maligno que luta contra o plano de Deus.

Anjos santos e benditos, obedientes à voz do Senhor, protegei a todos nós e a tudo que temos. Cercai as nossas casas, o nosso trabalho e as nossas vidas com a vossa bondosa proteção. E que um dia, com a vossa ajuda, possamos chegar ao reino eterno, onde adoraremos convosco a Santíssima Trindade.

Com Maria, nossa Mãe, Rainha dos Anjos e dos Santos. Amém.

6. Oração ao anjo da guarda dos filhos

Aos anjos, Deus mandou que guardem você por todos os seus caminhos, meu filho, [dizer o nome].

Santo anjo da guarda de [dizer o nome], seu conselheiro, inspirai-o;

Santo anjo da guarda de [dizer o nome], seu defensor, protegei-o;

Santo anjo da guarda de [dizer o nome], seu fiel amigo, pedi por ele;

Santo anjo da guarda de [*dizer o nome*], seu consolador, fortificai-o;

Santo anjo da guarda de (dizer o nome), seu irmão, defendei-o;

Santo anjo da guarda de [*dizer o nome*], seu mestre, ensinai-o;

Santo anjo da guarda de [*dizer o nome*], testemunha de todos os seus atos, purificai-o;

Santo anjo da guarda de [*dizer o nome*], seu auxiliar, amparai-o;

Santo anjo da guarda de [*dizer o nome*], seu intercessor, falai por ele;

Santo anjo da guarda de [*dizer o nome*], seu guia, dirigi-o;

Santo anjo da guarda de [*dizer o nome*], sua luz, iluminai-o.

Glória ao Pai, ao Filho e ao Espírito Santo, como era no princípio, agora e sempre. Amém.

7. Súplica ardente aos anjos

Deus Uno e Trino, Onipotente e Eterno! Antes de recorrermos aos vossos servos, os santos anjos, prostramo-nos na vossa presença e vos adoramos: Pai, Filho e Espírito Santo. Bendito e louvado sejais por toda a eternidade! Deus Santo, Deus Forte, Deus Imortal, que todos os anjos e homens, que por Vós foram criados, vos adorem, vos amem e permaneçam no vosso serviço!

E vós, Maria, Rainha de todos os anjos, aceitai benignamente as súplicas que dirigimos aos vossos servos; apresentai-as ao Altíssimo. Vós que sois a medianeira de todas as graças e a onipotência suplicante a fim de obtermos graça, salvação e auxílio. Amém.

Poderosos santos anjos, que por Deus nos fostes concedidos para nossa proteção e auxílio, em nome da Santíssima Trindade nós vos suplicamos: Vinde depressa, socorrei-nos!

Nós suplicamos em nome do Preciosíssimo Sangue de Nosso Senhor Jesus Cristo: Vinde depressa, socorrei-nos!

Nós vos suplicamos pelo Poderosíssimo Nome de Jesus: Vinde depressa, socorrei-nos!

Nós vos suplicamos por todas as chagas de Nosso Senhor Jesus Cristo: Vinde depressa, socorrei-nos!

Nós vos suplicamos por todos os martírios de Nosso Senhor Jesus Cristo: Vinde depressa, socorrei-nos!

Nós vos suplicamos pela Palavra Santa de Deus: Vinde depressa, socorrei-nos!

Nós vos suplicamos pelo Coração de Nosso Senhor Jesus Cristo: Vinde depressa, socorrei-nos!

Nós vos suplicamos em nome do amor que Deus tem por nós, pobres: Vinde depressa, socorrei-nos!

Nós vos suplicamos em nome da fidelidade de Deus por nós, pobres: Vinde depressa, socorrei-nos!

Nós vos suplicamos em nome da misericórdia de Deus por nós, pobres: Vinde depressa, socorrei-nos!

Nós vos suplicamos em nome de Maria, Mãe de Deus e nossa Mãe: Vinde depressa, socorrei-nos!

Nós vos suplicamos em nome de Maria, Rainha do Céu e da Terra: Vinde depressa, socorrei-nos!

Nós vos suplicamos em nome de Maria, vossa Rainha e Senhora: Vinde depressa, socorrei-nos!

Nós vos suplicamos pela vossa própria bem-aventurança: Vinde depressa, socorrei-nos!

Nós vos suplicamos pela vossa própria fidelidade: Vinde depressa, socorrei-nos!

Nós vos suplicamos pela vossa luta na defesa do Reino de Deus: Vinde depressa, socorrei-nos!

Nós vos suplicamos: Protegei-nos com o vosso escudo!

Nós vos suplicamos: Defendei-nos com a vossa espada!

Nós vos suplicamos: Iluminai-nos com a vossa luz!

Nós vos suplicamos: Salvai-nos sob o manto protetor de Maria!

Nós vos suplicamos: Guardai-nos no Coração de Maria!

Nós vos suplicamos: Confiai-nos às mãos de Maria!

Nós vos suplicamos: Mostrai-nos o caminho que conduz à Porta da Vida, o Coração aberto de Nosso Senhor!

Nós vos suplicamos: Guiai-nos com segurança à Casa do Pai Celestial!

Todos vós, nove coros dos Espíritos bem-aventurados: Vinde depressa, socorrei-nos!

Nossos companheiros especiais e enviados por Deus: Vinde depressa, socorrei-nos!

Insistentemente vos suplicamos: Vinde depressa, socorrei-nos!

O Sangue Preciosíssimo de Nosso Senhor e Rei foi derramado por nós, pobres.

Insistentemente vos suplicamos: Vinde depressa, socorrei-nos!

O Coração de Nosso Senhor e Rei bate por amor de nós, pobres.

Insistentemente vos suplicamos: Vinde depressa, socorrei-nos!

O Coração Imaculado de Maria, Virgem puríssima e vossa Rainha, bate por amor de nós, pobres.

Insistentemente vos suplicamos: Vinde depressa, socorrei-nos!

São Miguel Arcanjo: Vós, príncipe dos exércitos celestes, vencedor do dragão infernal, recebestes de Deus força e poder para aniquilar, pela humildade, a soberba do príncipe das trevas. Insistentemente vos suplicamos que nos alcanceis de Deus a verdadeira humildade de coração, uma fidelidade inabalável no cumprimento contínuo da vontade de Deus e uma grande fortaleza no sofrimento e na penúria. Ao comparecermos perante o tribunal de Deus, socorrei-nos para que não desfaleçamos!

São Gabriel Arcanjo: Vós, Anjo da Encarnação, Mensageiro fiel de Deus, abri os nossos ouvidos para que possam captar até as mais suaves sugestões e apelos da graça emanados do Coração amabilíssimo de Nosso Senhor. Nós vos suplicamos que fiqueis sempre junto de nós, para que compreendamos bem o que a Palavra de Deus quer de nós. Fazei que estejamos sempre disponíveis e vigilantes. Que o Senhor, quando vier, não nos encontre dormindo!

São Rafael Arcanjo: Vós que sois lança e bálsamo do amor divino, nós vos suplicamos, feri o nosso coração e depositai nele um amor ardente a Deus. Que a ferida não se apague nele, para que nos faça perseverar todos os dias no caminho do amor. Que tudo vençamos pelo amor!

Anjos poderosos e nossos irmãos santos que servis diante do trono de Deus: Vinde em nosso auxílio.

Defendei-nos de nós próprios, da nossa covardia e tibieza, do nosso egoísmo e ambição, da nossa inveja e falta de confiança, da nossa avidez na busca de abundância, bem-estar e estima pública.

Desatai em nós as algemas do pecado e do apego às coisas terrenas. Tirai dos nossos olhos as vendas que nós mesmos lhes pusemos e que nos impedem de ver as necessidades do nosso próximo e a miséria do nosso ambiente, porque nos fechamos numa mórbida complacência de nós mesmos.

Cravai no nosso coração o aguilhão da santa ansiedade por Deus, para que não cessemos de procurá-lo com ardor, contrição e amor.

Contemplai o Sangue do Senhor derramado por nossa causa! Contemplai as lágrimas da vossa Rainha, choradas por nossa causa!

Contemplai em nós a imagem de Deus, desfigurada por nossos pecados, que Ele por amor imprimiu em nossa alma!

Auxiliai-nos a reconhecer Deus, a adorá-lo, amá-lo e servi-lo! Auxiliai-nos na luta contra o poder das trevas que, disfarçadamente, nos envolve e aflige.

Auxiliai-nos, para que nenhum de nós se perca, permitindo assim que um dia nos reunamos todos, jubilosamente, na eterna Bem-Aventurança. Amém.

São Miguel, assisti-nos com vossos santos anjos, ajudai--nos e rogai por nós!

São Gabriel, assisti-nos com vossos santos anjos, ajudai--nos e rogai por nós!

São Rafael, assisti-nos com vossos santos anjos, ajudai--nos e rogai por nós!

Ó Deus, que organizais de modo admirável o serviço dos anjos e dos homens, fazei que sejamos protegidos na terra por aqueles que vos servem no Céu. Por Nosso Senhor Jesus Cristo, vosso Filho, na unidade do Espírito Santo. Amém.

8. Ladainha dos santos anjos

Senhor, tende piedade de nós.
Cristo, tende piedade de nós.
Senhor, tende piedade de nós.
Cristo, ouvi-nos.
Cristo, atendei-nos.
Deus Pai, Criador dos Anjos, tende piedade.
Deus Filho, Senhor dos Anjos, tende piedade.
Deus Espírito Santo, Vida dos Anjos, tende piedade.
Santíssima Trindade, delícia de todos os anjos, tende piedade.
Santa Maria, rogai por nós.
Rainha dos Anjos, rogai por nós.
Todos os coros dos Espíritos bem-aventurados, rogai por nós.
Santos serafins, anjos de Amor, rogai por nós.
Santos querubins, anjos do Verbo, rogai por nós.
Santos tronos, anjos da Vida, rogai por nós.
Santos anjos de adoração, rogai por nós.
Santas dominações, rogai por nós
Santas potestades, rogai por nós.
Santos principados, rogai por nós.
Santas virtudes, rogai por nós.

Santos arcanjos, rogai por nós.

Santos anjos, rogai por nós.

São Miguel Arcanjo, vencedor de Lúcifer, anjo da fé e da humildade, anjo da santa unção, patrono dos moribundos, príncipe dos exércitos celestes, companheiro das almas dos defuntos, rogai por nós.

9. Minha oração especial para vocês

Termino aqui minha breve narrativa sobre os santos anjos da guarda. Espero que tenha esclarecido parcela razoável das dúvidas de vocês. Concluo o texto convidando todos a rezarem comigo:

"Senhor, nosso Deus, estamos neste momento em oração na sua poderosa presença. Queremos entregar nossos pensamentos e sentimentos para que sejam iluminados e purificados pela sua luz. Pedimos, com devoção, a intercessão de nossos anjos da guarda durante toda a nossa vida. Que suas presenças sejam constantes em cada situação de tristeza ou de alegria por que passarmos. Pai Celestial, em nome de seu filho, Jesus Cristo, pedimos que alcancemos dia após dia uma intimidade maior com nossos anjos da guarda. Que os canais de comunicação com nossos protetores angélicos sejam aprimorados e ampliados, para termos um conhecimento espiritual cada vez maior. Dê-nos santidade, paz, saúde, proteção e prosperidade. Amém."

Agradecimentos

Agradeço, de todo o coração, ao meu primo, Alexandre Pinheiro, e à minha esposa, Natália, pelo inestimável debate a respeito do conteúdo deste livro. Deus os abençoe sempre!

Você pode falar com Deus

Desde criança, Pedro Siqueira tinha visões místicas. Com o tempo, seu dom se transformou em missão: ser um instrumento de ligação entre as pessoas e o mundo espiritual e ajudá-las a desenvolver sua fé através de mensagens de santos, anjos e de Nossa Senhora.

Ele começou a dividir os ensinamentos que recebia com pequenos grupos de oração. Aos poucos, esse círculo foi crescendo e, hoje, Pedro dirige a oração do terço para milhares de fiéis.

Com este livro, ele amplia ainda mais o alcance de sua mensagem e leva ao leitor as orientações mais importantes para quem deseja estreitar sua relação com Deus por meio da oração.

Muitas pessoas que creem em Deus não têm o hábito de rezar, mas Pedro mostra que a prece precisa fazer parte do nosso dia a dia. Seus poderes são surpreendentes: ela acalma corações e transforma a realidade.

Neste livro, ele ensina como devemos rezar para estabelecer um canal de comunicação direto e verdadeiro com Deus. E nos aponta o caminho para uma vida espiritual plena e feliz, dedicada ao Senhor e a serviço do próximo.

A partir de fascinantes histórias reais, Pedro nos faz ver que as coisas vindas do Altíssimo são impressionantes e imprevisíveis. E que, quando rezamos com fé e acreditamos na Providência divina, milagres podem acontecer em nossas vidas.

O CAMINHO DA LUZ

Padre Alexandre Paciolli

Aos 20 anos, o jovem Alexandre participou de seus primeiros Exercícios Espirituais. Ainda num período de discernimento da vocação, ele passou quatro dias num retiro de silêncio e percorreu um profundo caminho de autoconhecimento e de aproximação do coração de Deus. Foi uma experiência muito forte, que o marcou para sempre.

Inspirado pela bela história de conversão de Santo Inácio de Loyola, ele entrou no seminário e começou a participar dos Exercícios Espirituais uma vez por ano e a pregar em vários deles, além de conduzir eventos que reúnem milhares de fiéis.

Após muita oração e sob a luz do Espírito Santo, Padre Alexandre decidiu que precisava difundir esses momentos únicos de espiritualidade. Mais pessoas tinham que conhecer os Exercícios e receber suas bênçãos. Mais pessoas deveriam se renovar e restaurar, aprofundando-se na fé, para permanecerem firmes em meio às tempestades da vida.

Nestas reflexões diárias, você começará abrindo o seu coração e, quando menos esperar, poderá descobrir um amor tão vasto e tão poderoso que nunca mais vai querer se afastar dele. Cabe a você dar o primeiro passo nesta busca pelo sentido da vida.

A SABEDORIA DOS JESUÍTAS PARA (QUASE) TUDO
James Martin

Santo Inácio de Loyola era conhecido por ver a espiritualidade de forma prática. As tradições e o caminho espiritual criados por ele foram transmitidos pelos padres jesuítas de geração em geração e já ajudaram milhões de pessoas a descobrir a liberdade, a viver com simplicidade e a estabelecer um relacionamento verdadeiro com Deus.

Com uma linguagem simples e acessível, o reverendo James Martin apresenta neste livro as questões mais relevantes da espiritualidade inaciana, compartilhando as experiências que vivenciou em mais de duas décadas dedicadas ao trabalho na Companhia de Jesus.

A partir de exemplos surpreendentemente práticos, histórias bem-humoradas e casos curiosos, ele mostra que a espiritualidade está entranhada em nossas atividades cotidianas e que é possível chegar a Deus por meio de nossos relacionamentos pessoais, nosso trabalho, nossas escolhas e nossos desafios diários.

Embora seja simples, a filosofia inaciana nunca tinha sido explicada de forma muito clara.

Neste livro, você finalmente vai compreender quem foi Santo Inácio, qual o legado que ele deixou e como sua maneira peculiar de encarar o mundo pode nos ajudar a levar uma vida serena, prazerosa e mais próxima de Deus.

Santo: a vida e a fé de João Paulo II

Slawomir Oder

Um mês após a morte de João Paulo II, em maio de 2005, o papa Bento XVI deu início ao processo de canonização de seu antecessor, confiando a missão de postulante ao monsenhor Slawomir Oder.

Depois de atuar como uma espécie de "advogado de defesa", Oder conta neste livro os êxitos de sua árdua tarefa de compilação de documentos e testemunhos sobre fatos até então ignorados da vida do polonês Karol Wojtyla.

Santo é um relato abrangente e revelador da vida e da espiritualidade do papa João Paulo II, destacando sua intensa fé cristã, sua devoção à Igreja Católica, o diálogo com outras religiões e seu papel no fim do comunismo nos países da Cortina de Ferro.

Por meio da investigação de Oder, foi possível revelar não apenas a imagem de um grande protagonista da história do século XX, mas, acima de tudo, a de um crente que viveu na própria carne a mensagem do evangelho.

João de Deus – como era conhecido no Brasil – levou uma vida extraordinária, marcada por episódios fascinantes: frequentou o seminário como clandestino tentando escapar da perseguição nazista, resistiu duramente ao regime stalinista e empreendeu esforços para evitar o derramamento de sangue durante o colapso do comunismo na Polônia.

Como um mosaico, esses acontecimentos compõem uma face quase desconhecida de Karol Wojtyla: um homem, um papa, um místico dos nossos tempos, que percorreu com determinação e fé o caminho da santidade.

Em busca de Francisco

Ian Morgan Cron

Neste romance inspirador, Chase Falson, um pastor evangélico, se vê às voltas com uma crise espiritual – ele perdeu a fé em Deus, na Bíblia e na sua igreja.

Atormentado por dúvidas existenciais, ele fica ainda mais abalado com a morte repentina de uma criança da sua congregação e começa a pôr em xeque todas as certezas que antes eram os alicerces de sua vida. Seus questionamentos o fazem mergulhar em uma profunda crise espiritual e, depois de ter um colapso em pleno culto, acaba sendo afastado de seu ministério.

Decepcionado consigo mesmo por não ter se mantido firme em sua crença, Chase decide passar um tempo na Itália com seu tio Kenny, um padre franciscano. Lá ele é apresentado aos ensinamentos de São Francisco de Assis, que viveu há mais de 800 anos e cuja maneira simples de amar Jesus mudou a história do mundo e renovou a Igreja Católica em meio à Idade Média.

Considerado por muitos o "último cristão", São Francisco foi um homem que nasceu em uma família rica, mas abriu mão de tudo o que tinha para viver como pregava Jesus Cristo, dedicando-se aos menos afortunados e amando todas as criaturas, chamando-as de irmãos.

Santo inconformista, ele não criticou a Igreja como instituição, mas também não aceitou mantê-la como ela sempre fora. Em vez disso, colocou em prática todas as mudanças que queria ver à sua volta.

Na tentativa de recuperar sua fé e preencher o vazio da alma, Chase concorda em partir em peregrinação pelos lugares sagrados em que Deus se revelou ao venerado santo italiano.

Ao longo dessa busca, ele conhece diversas pessoas que vivenciaram incríveis experiências de fé. As histórias emocionantes que elas lhe contam iluminam seu caminho para reconquistar a graça, a humildade e a alegria de viver.

O monge e o executivo

James C. Hunter

Você está convidado a juntar-se a um grupo que durante uma semana vai estudar com um dos maiores especialistas em liderança dos Estados Unidos. Leonard Hoffman, um famoso empresário que abandonou sua brilhante carreira para se tornar monge em um mosteiro beneditino, é o personagem central desta envolvente história criada por James C. Hunter para ensinar de forma clara e agradável os princípios fundamentais dos verdadeiros líderes.

Se você tem dificuldade em fazer com que sua equipe dê o melhor de si no trabalho e gostaria de se relacionar melhor com sua família e seus amigos, vai encontrar neste livro personagens, ideias e discussões que vão abrir um novo horizonte em sua forma de lidar com os outros. É impossível ler este livro sem sair transformado. O monge e o executivo é, sobretudo, uma lição sobre como se tornar uma pessoa melhor.

CONHEÇA OS CLÁSSICOS DA EDITORA SEXTANTE

INFORMAÇÕES SOBRE A SEXTANTE

Para saber mais sobre os títulos e autores
da EDITORA SEXTANTE,
visite o site www.sextante.com.br
e curta as nossas redes sociais.
Além de informações sobre os próximos lançamentos,
você terá acesso a conteúdos exclusivos
e poderá participar de promoções e sorteios.

 www.sextante.com.br

 facebook.com/esextante

 twitter.com/sextante

 instagram.com/editorasextante

 skoob.com.br/sextante

Se quiser receber informações por e-mail,
basta se cadastrar diretamente no nosso site
ou enviar uma mensagem para
atendimento@sextante.com.br

Editora Sextante
Rua Voluntários da Pátria, 45 / 1.404 – Botafogo
Rio de Janeiro – RJ – 22270-000 – Brasil
Telefone: (21) 2538-4100 – Fax: (21) 2286-9244
E-mail: atendimento@sextante.com.br